화학 영재를 위한 원소 지도
주기율표

글 존 판던 | 그림 시호 페이트 | 감수 홍훈기 | 옮김 이진선

위즈덤하우스

차례

마음에 드는 원소를 찾아보세요!

들어가기 전 : 원자 가족을 만나요 4
원소 주기율표 6

치이익 부글부글 원소들 8

수소 10
리튬 12
소듐 / 포타슘 14
베릴륨 16
마그네슘 18
칼슘 20
루비듐 / 세슘 / 스트론튬 / 바륨
프랑슘 / 라듐 22
원자의 모든 것 24

거친 금속들 26

타이타늄 28
스칸듐 / 바나듐 / 크로뮴 / 망가니즈 30
철 32
코발트 / 니켈 / 아연 34
구리 36

이트륨 / 지르코늄 / 나이오븀 / 몰리브데넘 38
멘델레예프 교수님과 커다란 표 40
테크네튬 / 루테늄 / 로듐 / 팔라듐
카드뮴 / 하프늄 / 탄탈럼 42
은 44
텅스텐 / 레늄 / 오스뮴 / 이리듐 46
백금 48
금 50
수은 52

금속에 가까운 원소들 54

알루미늄 56
갈륨 / 인듐 58
주석 / 탈륨 / 비스무트 60
납 62

별의 재료들 64

붕소 / 규소 66
저마늄 / 안티모니 / 텔루륨 / 폴로늄 68
비소 70

불청객 원소들 72

란타넘 / 세륨 / 프라세오디뮴 / 네오디뮴 74
프로메튬 / 사마륨 / 유로퓸 / 가돌리늄 76
터븀 / 디스프로슘 / 홀뮴 / 어븀 78
툴륨 / 이터븀 / 루테튬 80

힘을 모아 82

악티늄 / 토륨 / 프로트악티늄 / 넵투늄 84
우라늄 86
플루토늄 / 퀴륨 88

잘 섞이는 원소들 90

탄소 92
질소 94
산소 96
우리 몸의 구성 원소 98
인 100
황 / 셀레늄 102
플루오린 / 염소 104
브로민 / 아이오딘 / 아스타틴 106

최고의 기체들 108

헬륨 110
네온 112
아르곤 / 크립톤 / 제논 / 라돈 114

신입 원소들 116

아메리슘 / 버클륨 / 캘리포늄 / 아인슈타이늄
페르뮴 / 멘델레븀 / 노벨륨 / 로렌슘
테네신 / 오가네손 118
러더포듐 / 더브늄 / 시보귬 / 보륨
하슘 / 마이트너륨 / 다름슈타튬
뢴트게늄 / 코페르니슘 120
니호늄 / 플레로븀 / 모스코븀 / 리버모륨 122

용어 해설 124

찾아보기 126

같은 족의 원소들은 비슷한 반응성을 보여요. 6~7쪽의 주기율표에서 원소가 속한 족을 색으로 확인해 보세요.

알칼리 금속 | 알칼리 토금속 | 전이 금속 | 전이후 금속 | 준금속 | 비금속 | 할로젠 원소 | 비활성 기체 | 란타넘족 원소 | 악티늄족 원소

원자 가족을 만나요

들어가기 전

우리 몸이 무엇으로 이루어졌는지 궁금하지 않나요?

자동차는 무엇으로 이루어져 있을까요? 바다나 하늘, 별, 고양이는요? 어쩌면 너무 복잡해서 결코 알아낼 수 없는 무언가로 이루어졌다고 생각할지도 몰라요. 수백 가지, 혹은 수십억 가지 물질들로 이루어져 있다고 말이지요. 하지만 그렇지 않답니다! 놀랍게도 모든 물질은 자연적으로 발생한 94가지 원소가 수십억 가지 방법으로 합쳐져 탄생해요. 다시 말해 이 94가지 원소만 있으면 우주의 모든 것을 만들 수 있어요.

약 150년 전에 러시아 과학자인 드미트리 멘델레예프는 원소를 나열하는 특별한 배열법인 '주기율표'를 알아냈어요. 비슷한 성질의 원소를 모아 세로(족)와 가로(주기)로 정리했지요. 지금부터 멘델레예프 교수님의 신기하고 마법 같은 주기율표를 탐험할 거예요. 94가지 천연 원소들과 과학자들이 실험실에서 뚝딱 만들어 낸 24가지 신입 원소들, 총 118가지 원소 친구들을 만나요.

모든 원소는 자신만의 특별한 원자를 가지고 있어요. 원자의 중심부인 '원자핵'에 들어 있는 아주 작은 입자, 즉 '양성자의 수' 덕분에 원자는 특별해요. 각 원소는 원자 번호라고 하는 신분증을 가지고 있는데, 이 원자 번호는 원자가 가지고 있는 양성자의 수와 같아요.

수소 H
원자 번호 : 1
양성자 수 : 1개

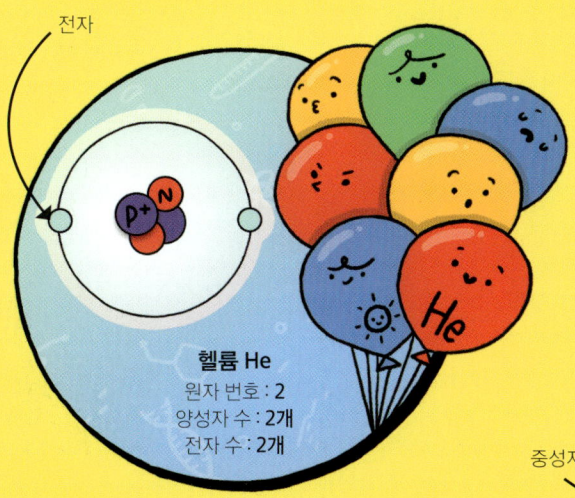

헬륨 He
원자 번호 : 2
양성자 수 : 2개
전자 수 : 2개

원자 바깥쪽에는 양성자와 같은 수의 '전자'가 빙글빙글 돌고 있어요. 전자는 아주 작은 입자예요. 원자는 전자에 따라서 다른 원자와 반응하는 방식이 달라져요.

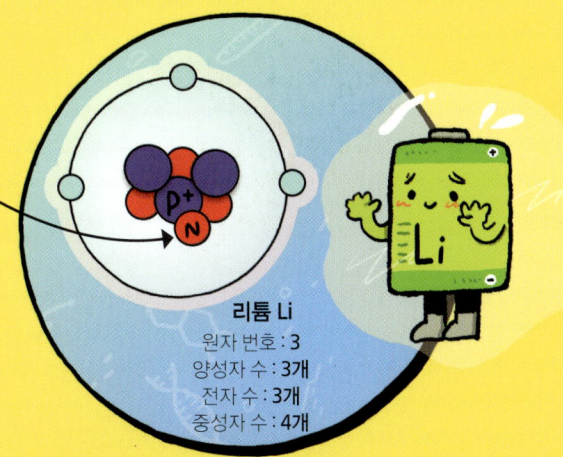

리튬 Li
원자 번호 : 3
양성자 수 : 3개
전자 수 : 3개
중성자 수 : 4개

핵 안에는 '중성자'라고 하는 입자도 있지만, 이 책에서는 깊게 다루지 않을 거예요.

원소 주기율표
THE PERIODIC TABLE

원소와 함께 떠나는 모험에 꼭 필요한 지도

이것이 바로 원소를 공부하는 데 꼭 필요한 '주기율표'예요. 모든 원자 중에서 가장 가벼운 원자는 맨 위 왼쪽 1번에 있는 수소예요. 거기서부터 왼쪽에서 오른쪽으로 한 칸씩 앞으로 나갈 거예요. 한 칸씩 나갈 때마다 원자는 조금 더 무거워집니다. 마지막으로 가장 무거운 원소인 118번 오가네손을 만나게 될 거예요.

위에서 아래로 내려가는 세로줄을 '족'이라고 해요. 각 족에 있는 원소들은 비슷한 특성을 가지곤 해요.

가로줄은 '주기'라 부르고, 왼쪽에서 오른쪽으로 이동할 때마다 원자 번호가 커져요.

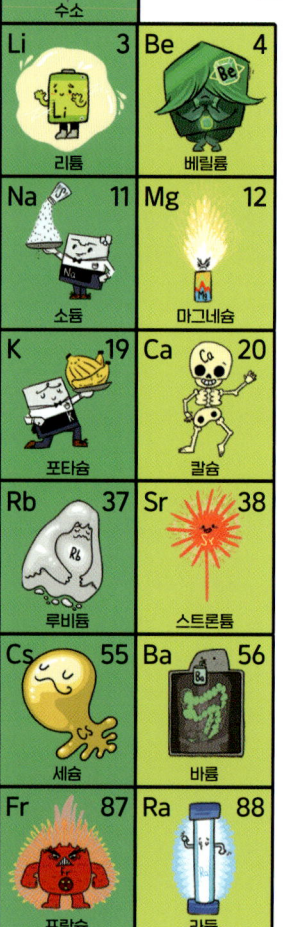

← 원소 기호
← 원자 번호

네모 한 칸에는
- 양성자 수를 뜻하는 **원자 번호**와
- 1~3글자로 이루어진 **원소 기호**라는 식별 부호가 들어 있어요.

같은 색으로 표시된 원소들은 비슷한 특성이 있어요.
3쪽에서 각 족의 이름을 확인해 보세요.

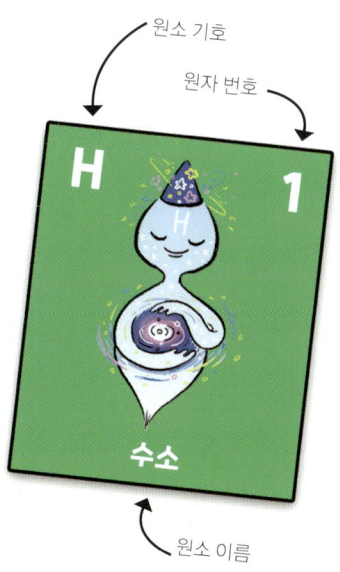
← 원소 이름

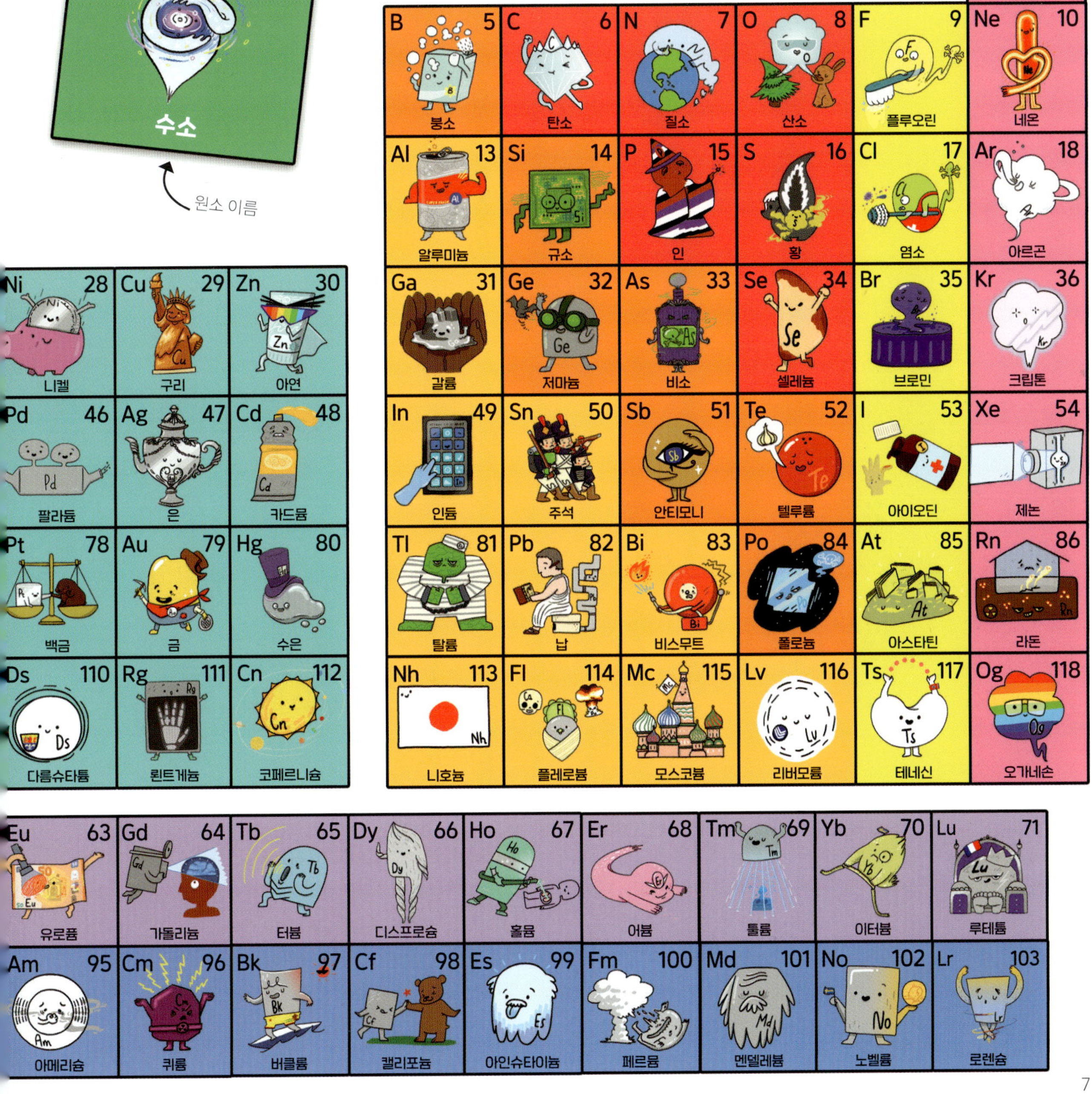

치이익 부글부글 원소들

1, 2족 원소 모임에 오신 것을 환영합니다. 조심해서 다뤄 주세요!

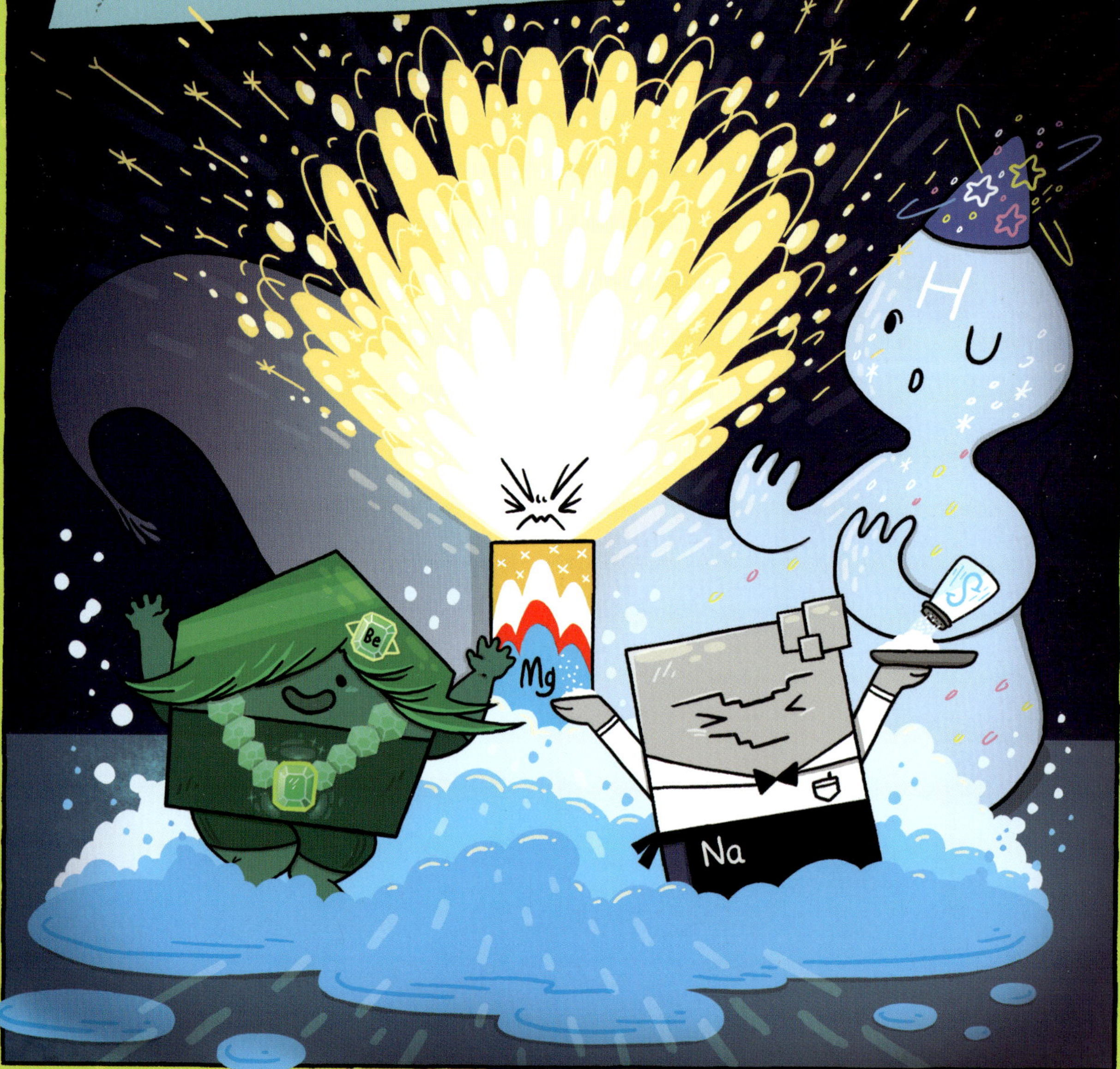

누가 먼저 녹을까?

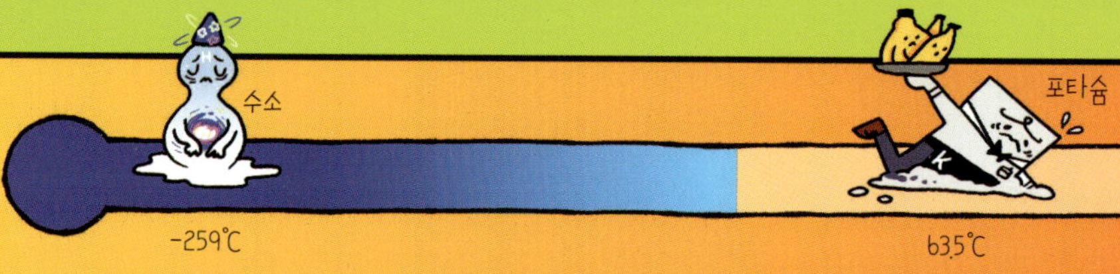

 수소 −259°C

 포타슘 635°C

1족 : **치이익 원소들**

와우! 1족 원소들은 모두 말썽꾸러기예요! 표 왼쪽 끝에 자리한 이 금속들은 반응성이 매우 커요. 얼마나 큰지 물에 닿으면, 치이익거리는 불안한 소리를 내다가 폭발해 버린답니다. 자연에서 순수한 형태로 발견되기는 어렵고, 항상 다른 원소와 반응하여 변화된 형태로 존재해요.

1족 6개의 원소는 모두 금속이에요. 그래서 '알칼리 금속'으로 불리지요. 단, 수소는 예외예요. 수소는 공기 중에서 기체 상태로 존재하고 있어요. 성질은 1족 원소와 같지만, 상태가 달라서 조금 골치가 아픈 말썽꾸러기예요.

1족 : 1족은 반응을 통해 홀로 있는 제일 바깥쪽 전자를 잃곤 해요!

원자량 1.00794

1족 : 알칼리 금속

2족 : 알칼리 토금속

1족과 2족 원소는 모두 물과 반응해서 (산성과 반대인) 염기성 용액을 만들어요.

2족 : **부글부글 원소들**

2족은 1족 다음 칸에 있는 금속들이에요. 1족만큼 강한 반응성을 보이지는 않아도 방심할 수 없어요. 물에 닿는 즉시 반응하지는 않아요. 하지만 어느 순간, 부글부글 수소 기체 거품을 만들면서 펑! 하고 폭발하곤 한답니다. 2족 원소들 역시 홀로 발견되는 경우가 드물어요. 주로 땅속의 광물과 섞여 발견되곤 해서 '알칼리 토금속'이라고 해요.

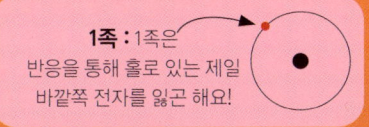

2족 : 2개의 전자가 원자에 조금 더 단단하게 붙들려 있어요.

프랑슘 (Fr) 223

라듐 (Ra) 226

리튬
181℃

마그네슘
650℃

베릴륨
1287℃

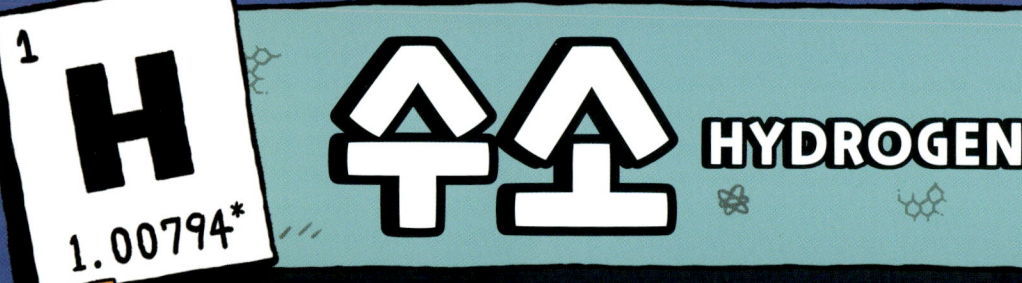

수소 HYDROGEN

1 H 1.00794*

우주에서 **최고로 가볍고** 가장 흔한 **원소**

별을 끊임없이 **타오르게 해요**

수소는 정말 정말 가벼운 기체예요. 최고로 가벼운 원소지요!

1세기 전에 사람들은 풍선에 수소를 채워 하늘에 날렸어요. 하지만 수소는 아주 쉽게 폭발해서
몇 번의 끔찍한 사고를 겪은 뒤에는 수소 대신 훨씬 안전한 헬륨이나 따뜻한 공기를 풍선에 채우게 되었어요.
반대로 핵폭탄을 만들 때는 수소의 폭발력을 활용해요.
수소는 하늘 위에서 별이 빛나도록 해 주는 원소이기도 합니다.

모든 원소의 시작은 수소로부터

가장 첫 번째 원소인 수소는 양성자 1개에 전자 1개를 가진 외로운 원소예요. 그래서 엄청나게 가볍지요. 수소는 우주의 시작과 함께 탄생했고, 그 이후부터 다른 원소가 만들어지기 시작했어요. 심지어 지금도 우주에 존재하는 물질의 75퍼센트가 수소랍니다.

별은 대부분 수소에서 만들어져요. 수소가 끊임없이 핵반응하여 맹렬하게 불타기 때문에 별이 반짝이는 거예요.
수소가 열과 에너지를 내면서 모두 불타고 나면, 별은 붕괴해요. 이때 수소 원자들이 한데 뭉쳐 다른 원소들을 만들지요.

수소는 다른 물질과 합쳐 팀을 이루는 걸 좋아해요. 수소 원자가 산소와 만나면 물을 만들어요. 물은 생명을 유지하는 데 필수적인 요소이지요. 수소는 또한 탄소, 산소와 여러 방식으로 결합해, 단백질 같은 생명을 구성하는 물질을 만들어 내요.

수소 연료를 활용하면 깨끗한 엔진을 만들 수 있어요. 수소는 연소 과정에서 매캐한 연기 대신 순수한 물을 만들거든요.

태양은 매초 6억 톤의 수소를 헬륨으로 바꾸어요! 태양의 이 핵반응에서 나온 아주 적은 양의 에너지는 빛과 열의 형태로 지구에 들어와 모든 생명 활동의 원동력이 되지요.

인간의 몸에 존재하는 원자의 62퍼센트가 수소라는 사실을 알고 있나요?

수소 : 20℃에서 기체 상태 · 녹는점 : -259℃ · 끓는점 : -253℃ · 색깔 : 없음

Li 3 6.941 리튬 LITHIUM

리튬은 금속이에요. 하지만 아주 가벼워서 물에 뜬답니다!

정말이에요! 리튬은 버터 바르는 칼로 자를 수 있을 정도로 부드럽고 가벼워요. 그리고 쉽게 반응하지요. 리튬 위에 물을 뿌리면 인화성이 매우 높은 수소 거품이 생겨요. 축축한 공기에서도 반응을 잘하는 리튬을 멈추려면, 금속 전체를 바셀린으로 감싸 줘야 해요! 리튬을 가열하면 선명한 붉은색을 띠다가 공기 중의 산소와 반응하여 눈부신 빛을 뿜어내요.

최고의 충전기

리튬은 나이가 아주 많아요! 수소, 헬륨, 리튬은 우주 탄생부터 함께한 원자예요. 리튬은 보통 양성자 3개와 전자 3개를 가져요.

아주 단순한 구조지요? 하지만 리튬이 가진 전자 3개 중 하나는 홀로 바깥 껍질에 있어요. 이 외로운 전자가 다른 원소들과 힘을 합치려고 해서 리튬의 반응성이 강해지는 거랍니다.
덕분에 리튬은 전기를 저장하는 능력도 탁월해요! 휴대 전화나 컴퓨터 속 전지에는 아주 강한 전하를 가진 특별한 형태의 리튬, 즉 '리튬 이온'이 들어가지요.

문제는 리튬이 꽤 희귀하다는 점이에요. 지구에서 리튬은 자연적으로는 절대 홀로 존재하지 않아요. 호주 서부나 칠레에 있는 희귀한 암석에 갇혀 있어서, 순수한 리튬을 얻기 위해서는 암석을 캐서 녹여야 합니다.

바깥 전자를 잃은 리튬 원자는 양전하 이온으로 변해요.

충전기에 전자 제품을 연결하면 수많은 리튬 이온들이 전지의 한쪽 끝부분으로 쏟아져 들어가요. 휴대 전화의 전원을 켜면 리튬 이온이 반대쪽 끝으로 몰려가지요!

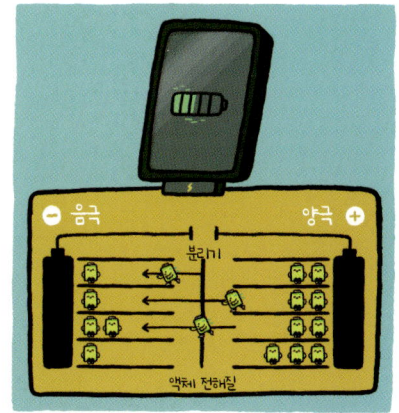

리튬 : 20℃에서 고체 상태 · 녹는점 : 181℃ · 끓는점 : 1342℃ · 색깔 : 은백색

소듐 / 포타슘
SODIUM / POTASSIUM

11 Na 22.98977

19 K 39.0983

물에 닿으면 펑 하고 번쩍

소듐은 '나트륨'이라고도 하며, 폭죽을 닮은 금속이에요.
물에 뜰 정도로 가벼워요. 하지만 알갱이 하나만 물에 넣어도 물 위에서 핑! 소리를 내며 주황색으로 치이익거리다가 펑 터져요!* 부드러워서 칼로 자를 수도 있어요.
'칼륨'이라고도 불리는 포타슘 역시 소듐처럼 폭죽을 닮은 금속이고 물에 떠요. 알갱이 하나를 물에 넣으면 물 위에서 핑! 하는 소리를 내며 연보라색으로 쉬이익거리다가 빵 터져요! 더 큰 덩어리를 넣으면 아주 많은 수소 가스를 만들면서 엄청난 폭발을 일으킨답니다!*

*광장히 위험하니 절대 따라 하지 마세요.

태양을 비롯한 별들이 살짝 노란색으로 빛나는 이유는 소듐의 연소 때문이에요. 소듐 증기 램프(나트륨 램프)를 사용하는 일부 가로등도 안개 속에서 노란빛을 내지요. 하지만 소듐이 가진 최고의 능력은 염소와 결합해 염화 소듐(염화 나트륨)을 만드는 것이에요. 바로 소금이랍니다!

순도 높은 소듐은 자연에서 아주 드물고 대부분 소금으로 존재해요. 바다에는 50경 톤의 소금이 녹아 있어요! 우리 몸속에도 소금이 있어요. 세포의 물질대사에 중요한 역할을 해서, 소금이 없으면 우리는 오래 살아남을 수 없어요.

소듐(나트륨) : 20℃에서 고체 상태
녹는점 : 98℃
끓는점 : 883℃
색깔 : 은백색

매년 약 2.5억 톤의 소금이 땅속에서 만들어져요. 땅 밑으로 스며든 뜨거운 물이 땅속의 소금을 녹인 다음 다시 지표면으로 올라와요. 그 물이 증발되면 소금이 남지요.

포타슘이 들어 있는 음식은 많아요. 바나나가 가장 널리 알려져 있어요.

포타슘도 자연에서 순수한 형태로 발견하기는 어려워요. 하지만 우리 주변에서 쉽게 찾을 수 있는데, 이 포타슘 없이는 생명이 존재할 수 없어요. 포타슘은 식물을 자라게 도와주는 비료이고, 우리 몸의 필수 영양소예요. 소듐처럼 세포의 물질대사에서 중요한 역할을 해요. 소듐은 주로 세포 밖에 있고 포타슘은 안에 있어요. 이 두 원소의 균형이 깨지면, 우리는 제대로 살지 못해요.

전갈은 독침에 들어 있는 포타슘염(칼륨염)을 쏘아 적을 마비시켜서 죽여요. 다행히 사람처럼 큰 동물들 대부분은 아픔만 좀 크게 느낄 뿐 죽지는 않아요. 앗, 따가워!

포타슘(칼륨) : 20℃에서 고체 상태
녹는점 : 63.5℃
끓는점 : 759℃
색깔 : 은백색

Be 베릴륨 BERYLLIUM

4
9.012182

우주선에 안성맞춤인 가볍고 최고로 단단한 금속

거인의 보석

베릴륨은 금속 중에서도 거의 으뜸으로 가벼운 원소예요.
베릴륨보다 가벼운 원소는 리튬뿐인데, 리튬은 살짝 부드러운 편이에요.
하지만 베릴륨은 굉장히 단단해요. 강하고 녹슬지 않는 데다 아주 높은 온도에서만 녹아요.
그래서 우주선에 사용하지요. 에메랄드와 아쿠아마린 같은 아름다운 보석도 만들 수 있어요.
유일한 단점은 너무 희귀하다는 거예요.

정말 멋진 원소

베릴륨의 이웃인 수소와 헬륨, 리튬은 모두 우주의 시작과 함께 탄생했어요. 하지만 특이하게도 베릴륨은 이 원소의 모임에 굉장히 늦게 합류한 원소예요. 사실 베릴륨은 초신성, 즉 거대한 별이 폭발한 뒤에 생겨났어요. 베릴륨이 많이 있는 별이 우주 어딘가에 존재할지도 모르지만, 아쉽게도 지구에는 많지 않아요!

베릴륨은 땅속에서 베르트랑다이트와 녹주석 광물로 발견되곤 해요. 녹주석은 다채로운 색을 띠는 놀라운 보석들의 원석이에요. 바로 눈부신 녹색 에메랄드와 짙은 푸른색의 아쿠아마린, 분홍색의 모가나이트, 노란색의 헬리오도르가 그 보석들이지요. 녹주석의 원석 결정은 나무 둥치만큼 크게 자랄 수 있어요! 마다가스카르에서 발견된 녹주석 결정은 길이 18미터에 너비가 3.4미터, 무게가 380톤이었어요. 반지를 엄청나게 많이 만들 수 있겠네요!

2017년 미국의 유명한 록펠러 가문이 소유한 에메랄드가 약 66억 원에 팔렸어요!

베릴륨은 아주 단단해서 중성자를 튕겨 낼 정도예요. 강력한 폭발력을 만들기 위해 핵탄두에 사용해요.

베릴륨: 20℃에서 고체 상태 · 녹는점: 1287℃ · 끓는점: 2468℃ · 색깔: 은백색

Mg 마그네슘 MAGNESIUM

12
Mg
24.305

폭죽처럼
강렬한 흰색으로
불타는 원소

Mg

마그네슘은 완벽한 2족 원소예요.
태양처럼 밝은 흰색 빛을 내며 불타올라요! 마그네슘은 불이 쉽게 붙지 않는데, 단단한 금속일 때는 더욱 그렇답니다. 하지만 가루로 만들거나 끈처럼 늘리면 치직 하고 불이 붙어요! 그리고 한번 불이 붙으면 멈추지 않아요. 마그네슘은 다른 원소와 힘을 합치는 능력도 뛰어나서 주로 결합 형태로 발견돼요.

하얀 빛을 만드는 원소

마그네슘은 금속이고 생물한테 정말 필요해요. 엽록소의 주요 성분으로, 나뭇잎을 초록색으로 만드는 역할을 해요. 엽록소는 나뭇잎을 태양열 발전소로 바꿔서 태양으로부터 식물이 자라는 데 필요한 에너지를 얻어내지요. 마그네슘이 없다면 나뭇잎이 노란색으로 변해서 식물은 결국 죽고 말 거예요.

사람의 몸에도 마그네슘이 있어야 해요. 우리 몸이 본래 기능대로 작동하려면 화학 물질 전달자인 '효소'가 필수예요. 마그네슘이 바로 이 효소를 조절하지요. 만약 몸에 마그네슘이 부족하다면 견과류나 초콜릿, 상추나 깻잎 같은 잎채소를 꼭 먹도록 해요!

물론 마그네슘은 플래시를 만드는 능력이 아주 뛰어나요! 옛날 사진사들은 인물 사진을 찍을 때 마그네슘 가루를 플래시로 사용해 밝은 빛을 만들었어요. 지금도 마그네슘은 폭죽과 불꽃놀이의 재료로 밤을 빛내고 있답니다!

기술자들은 마그네슘을 알루미늄에 넣어 가볍지만 더 강한 금속 자동차와 비행기, 노트북을 만들어요.

마그네슘 가루는 선명하고 강렬한 흰색으로 타오르는 화려한 불꽃을 만들어요. 금속염을 추가하면 다양한 색을 낼 수 있어요. 염화 바륨은 녹색, 염화 스트론튬은 붉은색, 염화 소듐(염화 나트륨)은 노란색을 내요.

마그네슘 : 20°C에서 고체 상태 · 녹는점 : 650°C · 끓는점 : 1090°C · 색깔 : 은백색

칼슘 CALCIUM

20 Ca 40.078

칼슘이 없으면 **뼈**가 **젤리** 처럼 변할 거예요

생명체는 칼슘 없이 살 수 없어요!

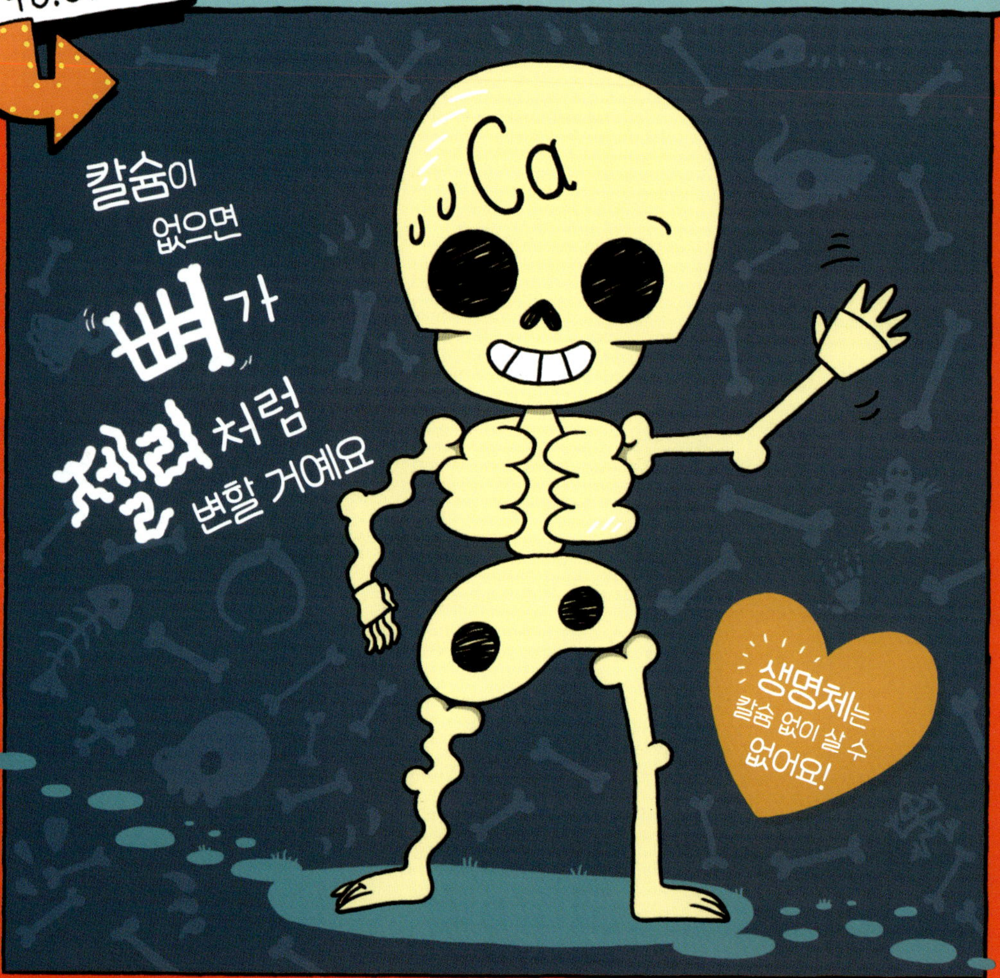

칼슘은 홀로 있을 때는 부드럽고 회색을 띠는 금속이에요. 하지만 탄소 같은 몇 가지 다른 원소와 결합하면 흰색으로 변하고 돌처럼 딱딱해져요. 사실 칼슘은 사람의 뼈를 구성하고, 갑각류의 껍데기를 만들 수 있을 정도로 아주 단단해요. 뼈와 이, 고층 건물까지, 단단한 뼈대를 원한다면 칼슘을 사용해 보세요!

뼈대를 이루는 원소

우리 몸속에는 약 900그램의 칼슘이 있어요! 하지만 주로 인산 칼슘의 형태로 있어서 덜그럭거리지 않아요.
몸의 뼈를 구성하는 가장 단단한 성분인 인산 칼슘은 흰색의 가루이지만 굉장히 단단합니다.

갑각류는 탄산 칼슘으로 껍데기를 만들어요. 지구의 긴 역사 동안, 수많은 조개껍데기가 바다 밑에 쌓였고 시간이 흐르면서 칼슘 화합물의 거대한 암반층으로 변했어요. 석회암이라 불러요. 희고 부드러운 분필이 순수한 탄산 칼슘에 아주 가까워요.

석회암은 건물의 벽돌 재료로 쓰여요. 석회암을 가루로 부순 다음 모래와 물, 자갈과 섞으면 회반죽이나 시멘트, 콘크리트가 되지요. 이집트 피라미드는 시멘트 덕분에 단단하게 붙어 있고, 콘크리트가 없다면 고층 건물을 지을 수 없어요.

탄산 칼슘으로 이루어진 물체에 식초를 뿌리면 부글부글 거품이 생겨요. 거품이 눈에 튀지 않도록 꼭 안전 안경을 착용해요.

1820년대에 토마스 드러먼드는 석회(산화 칼슘)를 불태워 밝은 빛을 만들었어요. 이를 '각광'이라 하는데, 배우들은 이 빛을 받는 걸 사랑했어요. 오늘날 주목받는 사람에게 '각광받다'란 말을 쓰는데, 여기에서 나온 표현이에요.

칼슘: 20℃에서 고체 상태 · 녹는점: 842℃ · 끓는점: 1484℃ · 색깔: 은회색

37 Rb 85.468 — 루비듐 RUBIDIUM

손에 루비듐을 올려 놓으면 서서히 녹을 거예요. 만지면 안 돼요! 물이 닿으면 폭발할 수 있거든요. 기름에 넣어 보관하지 않으면 불꽃 반응을 일으켜요! 루비듐은 정확히 1초에 68억 3468만 2610.904324번씩 꾸준히 방사선을 내뿜어서 세상에서 가장 정확한 원자시계 계측기로 사용할 수 있답니다.

루비듐: 20°C에서 고체 상태
녹는점 : 39°C
끓는점 : 688°C
색깔 : 은백색

55 Cs 132.90545 — 세슘 CESIUM

루비듐의 금색 쌍둥이인 세슘도 원자시계로 사용할 수 있어요. 루비듐처럼 물에서 격렬하게 반응하기 때문에, 불이 붙지 않게 하려면 기름 속에 보관해야 해요. 따뜻한 날씨 정도면 세슘을 녹일 수 있어요.

세슘: 20°C에서 고체 상태
녹는점 : 28°C
끓는점 : 671°C
색깔 : 은빛이 도는 금색

38 Sr 87.62 — 스트론튬 STRONTIUM

스트론튬은 지칠 줄 모르는 원소예요! 물과 만나면 기체를 내뿜고, 공기와 만나면 노란색으로 변하면서 불꽃 반응을 일으켜요. 천연 스트론튬은 얌전한 편이지만 스트론튬-90은 위험할 정도로 방사능이 강해요. 스트론튬염으로는 멋진 붉은색 폭죽을 만들 수 있고, 알루민산 스트론튬이 포함된 물감은 어두운 곳에서 빛을 낼 수 있어요. 놀랍게도 치약에도 아주 소량 들어 있는데 치통을 줄여 줘요.

스트론튬: 20°C에서 고체 상태
녹는점 : 777°C
끓는점 : 1382°C
색깔 : 은회색

56 Ba 137.327 — 바륨 BARIUM

바륨은 홀로 화학 반응을 일으키고 어두운 곳에서 빛을 낼 수 있어요. 하지만 주로 다른 원소와 힘을 합쳐 황산 바륨, 혹은 '바륨 식사'라고 불리는 고농도의 가루를 만들지요. 병원에서는 속이 아픈 환자들에게 이 바륨 식사 물질을 삼키게 해요. 바륨식이 위와 장에서 자리 잡으면 스캐너를 통해 속을 확인할 수 있어요.

바륨 : 20℃에서 고체 상태
녹는점 : 727℃
끓는점 : 1845℃
색깔 : 은회색

87 Fr 223 — 프랑슘 FRANCIUM

프랑슘은 초방사성 원소예요. 원자가 끊임없이 방사성 입자를 뿜으면서 붕괴된답니다! 이 방사선은 아주아주 위험해요. 프랑슘은 원자 번호 89번 악티늄이 붕괴되면서 만들어져요. 하지만 방사선으로 흩어지기까지 겨우 22분만 형태를 유지해요. 그래서 세상에서 가장 희귀한 금속이지요.

프랑슘 : 20℃에서 고체 상태
녹는점 : 27℃
끓는점 : 680℃
색깔 : 알려지지 않음

88 Ra 226 — 라듐 RADIUM

라듐은 최초로 발견된 방사성 원소예요. 폴란드 출신의 프랑스 화학자인 마리 퀴리가 어두운 연구실에서 빛을 내는 라듐을 발견했어요. 한때 라듐이 병을 치료하는 기적의 약, 혹은 어린이의 장난감에 이용됐어요. 이제는 라듐의 방사능이 매우 위험하다는 사실을 모두가 알고 있어요!

라듐 : 20℃에서 고체 상태
녹는점 : 700℃
끓는점 : 1737℃
색깔 : 흰색

원자의 모든 것

원자는 에너지를 담은 아주 작고 모호한 구름 모양이에요. 중앙에 있는 중심부, 즉 '원자핵'에는 '양성자'와 '중성자'라고 불리는 입자들이 빽빽하게 뭉쳐 있어요. 바깥에는 엄청나게 작은 전자들의 구름이 원자핵 주위를 빙글빙글 회전하고 있지요.

원자에 있는 양성자의 수가 달라지면 원자는 새로운 원소로 변해요. 이때 보통은 전자의 수도 함께 달라져요. 전자는 궤도, 다시 말해 전자껍질에 자리를 채우고 돌아요. 새로운 전자는 주로 바깥쪽 껍질, 혹은 두 번째 껍질에 추가되지요. 각 전자껍질에는 전자 수가 정해져 있어서, 전자가 모두 채워지면 새로운 전자껍질이 만들어져요.

원자는 '전기력'으로 결합해요. 전자는 음전하(마이너스 전기)를 띠고 양성자는 양전하(플러스 전기)를 띠는데, 반대의 전하끼리는 서로 끌어당겨요. 그래서 전자가 휙휙 날아가더라도 양성자는 전자에게 매달려요. 중성자는 전하가 없어요.

이온과 동위 원소

원자는 보통 양성자와 중성자, 전자의 수가 같아요. 하지만 항상 그렇지는 않아요. 전자를 잃거나 얻은 원자는 '이온'이라고 하고, 중성자를 잃거나 얻은 원자는 '동위 원소'라고 불러요.

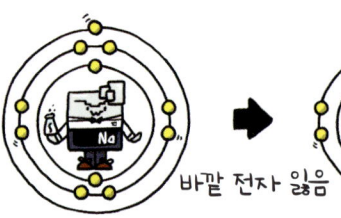

소듐 원자 → 바깥 전자 잃음 → 소듐 이온

소듐 원자가 바깥 껍질의 전자를 잃으면 양전하를 띠게 돼요. 이제 전자보다 양성자가 더 많아서 '소듐 이온'이라고 부르고 Na+로 쓴답니다.

양성자 4개
중성자 5개
전자 4개

원자핵은 원자 질량의 99.9퍼센트를 차지하고 있어요. 그림의 원자는 베릴륨이에요.

원자는 상온에서 대부분 고체예요. 일부는 기체로 존재하고, 수은과 브로민만 액체로 존재해요. 상태를 변하게 하려면 열을 가하거나 냉각시키거나 혹은 압력을 주면 돼요. '녹는점'은 고체가 녹아 액체로 변하는 온도예요. '끓는점'은 가열된 액체가 끓어서 기체로 변하기 전의 가장 높은 온도를 말해요.

거친 금속들

3~12족의 주요 금속 모임에 오신 것을 환영합니다.

Fe
Au
Cu

누가 먼저 녹을까?

C°
수은
-39℃
은
962℃
금
1064℃
구리
1084℃

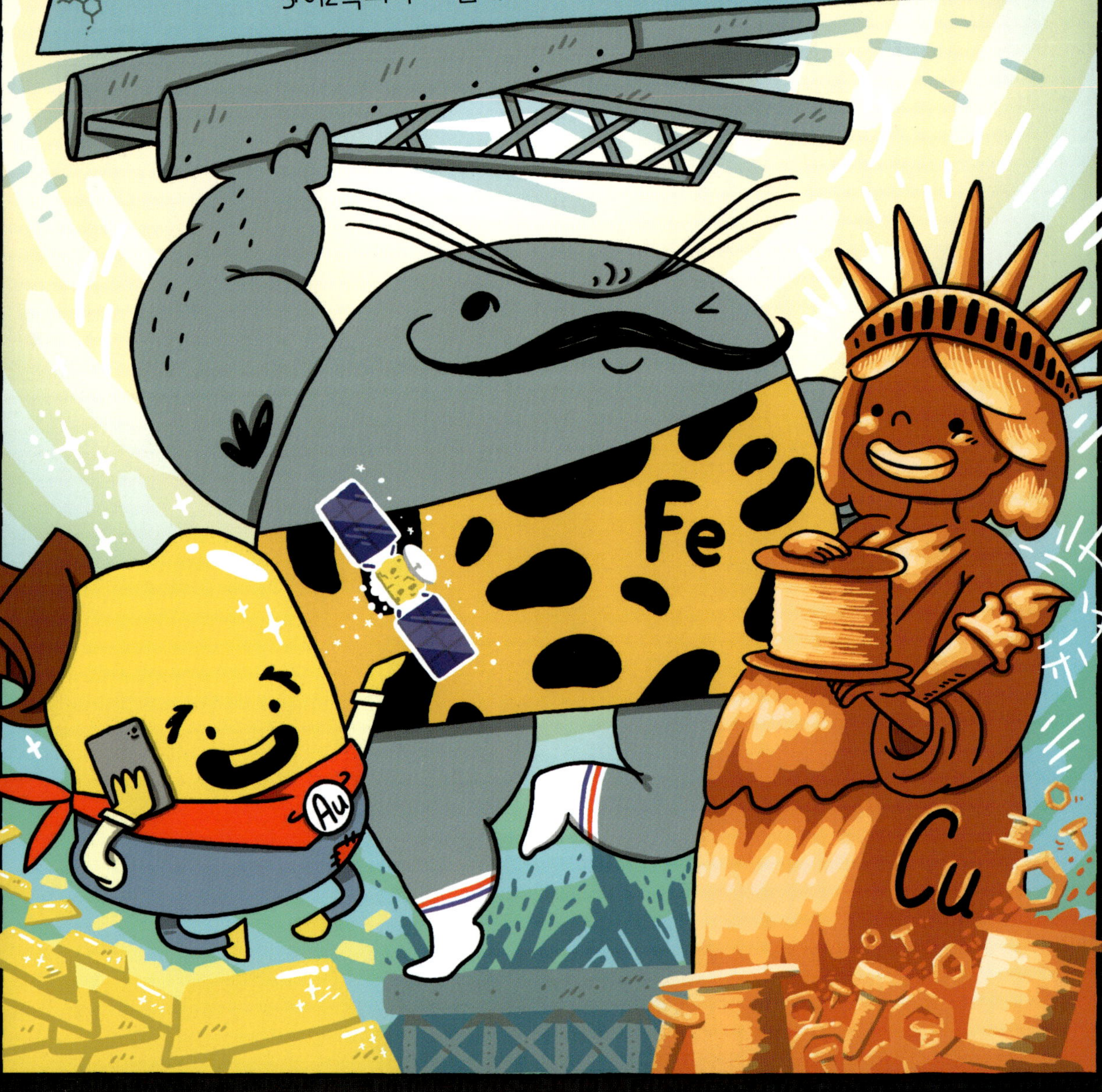

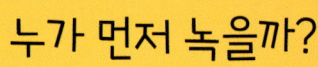

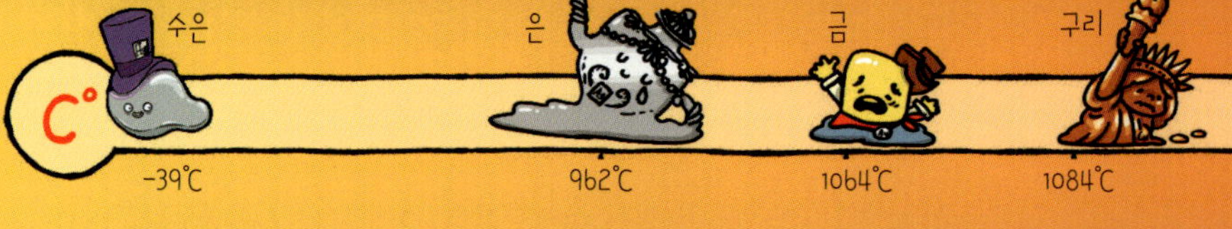

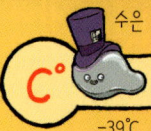

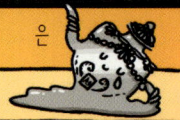

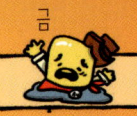

전이 금속

금속 원소에 관해 이야기하려면 철과 구리, 금, 백금, 타이타늄, 아연을 빼놓을 수 없어요. 여기 있는 모든 원소는 단단하고* 대부분 반짝반짝해요. 하지만 몇몇 원소는 공기 중에 오래 두면 반짝임을 잃어요. 알다시피 철은 녹이 생겨요! 전이 금속은 대부분 안정적이고, 열과 전기를 잘 전달한답니다.

*수은. 맞아요. 액체라서 흐물흐물해요. 하지만 아주 차가운 온도에서는 주석처럼 단단해진답니다.

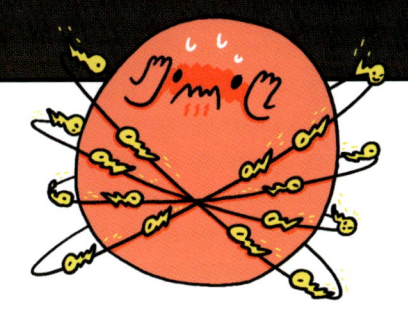

1, 2족 원소들은 한 칸씩 이동할 때마다 항상 안쪽 껍질부터 전자를 채우고 바깥쪽에 추가되었어요. 하지만 전이 금속은 아래 칸으로 이동할 때 제일 바깥쪽 껍질로부터 두 번째에 해당하는 껍질에 전자를 최대 32개까지 먼저 채운답니다.

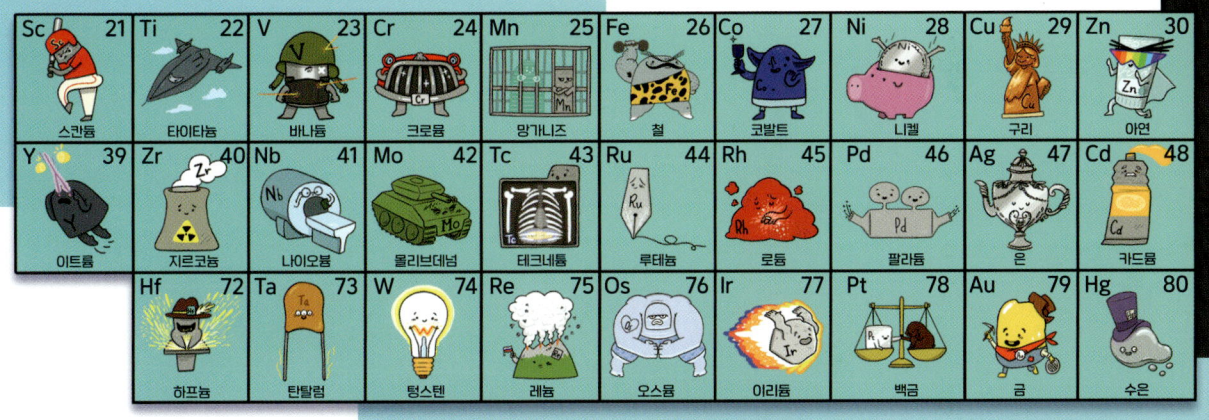

전이 금속 화합물은 물에 녹으면 밝은색을 띠어요.

금속은 무엇인가?

금속은 보통 단단하고, 반짝반짝해요. 원자들이 규칙적이고 단단한 틀 안에 함께 뭉쳐 '결정격자'라고 하는 형태를 이루고 있기 때문이에요. 결정격자는 아주 강하게 결합되어 있기 때문에 전자들이 다른 원자들 사이를 자유롭게 돌아다닐 수 있어요. 금속의 전기 전도성이 아주 좋은 이유도 전류가 원자 사이를 자유롭게 떠돌아다니는 '자유 전자' 덕분이에요. 금속이 빛을 튕겨내며 반짝이는 이유도 바로 이 자유 전자 때문이랍니다.

철
1538°C

백금
1768°C

크로뮴
1907°C

텅스텐
3422°C

타이타늄은 금속계의 스타예요.
타이타늄은 강철처럼 강하지만 무게는 철의 절반밖에 되지 않아요. 게다가 시간이 흘러도 잘 부서지지 않고 부식에도 놀라울 만큼 강해요. 가볍고 강한 데다 보기 좋으니 안 쓸 이유가 없지요. 당연히 최신 기술의 제트기부터 립스틱까지 아주 다양한 곳에 사용된답니다!

단단하고 가벼운 원소

눈부시게 하얀 페인트나 종이를 원한다면 이산화 타이타늄 가루를 조금 사용해 보세요. 창문에 입히면 스스로 깨끗해진답니다! 고층 건물을 위한 완벽한 재료인 셈이지요.

타이타늄은 엄청난 명성을 누리고 있어요! 이름은 고대 그리스 신화에서 신이 낳은 거인족 '타이탄'에서 유래했어요. 하지만 독일의 과학자인 마르틴 클라프로트가 1795년에 타이타늄을 처음 발견했을 때는 이 물질의 미래를 전혀 예상하지 못했어요. 그저 멋지다고 생각한 이름을 지어 주었을 뿐이에요. 이렇게 거물로 성장하리라곤 꿈에도 생각하지 못했을 거예요!

타이타늄은 아주 가볍고 강한 데다 부식도 잘 되지 않아서 비행기와 우주선 제작에 딱 맞는 금속이에요. 최고급 테니스 라켓과 경주용 자전거 재료로도 좋아요. 주로 암석에서 발견되는데, 채굴하기가 쉽지 않아서 비싸요. 그래도 견줄 만한 금속이 거의 없어서 비용이 아깝지 않아요.

타이타늄은 독성이 없어서 병원에서 부서진 뼈를 지지해 주는 핀이나 대체 엉덩 관절로 의사들이 즐겨 사용한답니다.

단검처럼 생긴 록히드 에스알-71 블랙버드는 1970년대 최고의 정찰기였어요. 93퍼센트가 타이타늄으로 이루어진 이 정찰기는 속도가 시속 3529.6킬로미터에 달할 정도로 아주 빠른 제트기였어요.

타이타늄 : 20℃에서 고체 상태 · 녹는점 : 1668℃ · 끓는점 : 3287℃ · 색깔 : 은색

21 Sc 44.955912 소칸듐 SCANDIUM

스칸듐은 엄청나게 단단한 데다 색이 밝은 알루미늄을 닮았어요. 하지만 흔히 발견할 수 없어서 알루미늄에 조금 섞어 아주 단단한 합금으로 만들어요. 스칸듐 합금은 러시아의 미그 전투기를 비롯해 야구 방망이에도 사용된답니다. 소량의 스칸듐을 수은 증기 가로등에 넣어 강렬한 빛을 만들기도 해요. 멘델레예프는 표에 남은 빈칸을 보고 스칸듐의 존재를 예측했어요. 아니나 다를까, 10년 후에 스웨덴의 화학자 라르스 닐손이 이 원소를 발견했어요.

스칸듐 : 20℃에서 고체 상태
녹는점 : 1541℃
끓는점 : 2836℃
색깔 : 은백색

23 V 50.9415 바나듐 VANADIUM

엄청나게 가볍고 단단한 바나듐은 세상을 완전히 바꾸어 놓았어요! 헨리 포드가 1913년에 세계 최초로 대량 생산한 자동차인 'T-형 포드'를 만들 수 있게 해 주었거든요. 1차 세계 대전 때 총알을 막는 갑옷에도 사용되었지요. 지금도 단단한 금속이 필요한 곳에는 바나듐 강철이 제격이에요. 스칸듐처럼 바나듐도 1830년대에 스웨덴의 화학자 닐스 세프스트룀이 최초로 발견하면서, 세계의 관심을 스칸디나비아 반도로 이끌었어요.

바나듐 : 20℃에서 고체 상태
녹는점 : 1910℃
끓는점 : 3407℃
색깔 : 은회색

24 Cr 51.9961 크로뮴 CHROMIUM

크로뮴은 아주 번쩍번쩍한 금속이에요. 단단한 초광택 크로뮴 도금은 1950년대에 쉐보레와 캐딜락 같은 값비싼 미국 자동차의 그릴과 범퍼에 눈부신 반짝임을 더해 주었어요. 크로뮴은 에메랄드와 루비에 색을 입혀 주기도 해요. 과거에 미국은 학교 버스를 노란색으로 만들기 위해 크로뮴 화합물을 사용했어요. 하지만 크로뮴에 독성이 있다는 사실을 알고 나서는 카드뮴으로 바꿨어요.

크로뮴 : 20℃에서 고체 상태
녹는점 : 1907℃
끓는점 : 2671℃
색깔 : 은회색

25 Mn 54.938049 망가니즈 MANGANESE

'망간'이라고도 하는 망가니즈는 단단하지만 부러지기 쉬운 금속이에요. 수천 년 동안 가루 형태로 쓰이며, 유리를 투명하게 만들거나 유리 속에 철 화합물을 가두는 역할을 해 왔어요. 망가니즈는 감자 크기로 해저에 흩어져 있어요. 모래 알갱이에 달라붙은 망가니즈가 자라면서 덩어리가 되지요. 사업가들은 바다에서 망가니즈를 공짜로 얻을 수 있으리라 기대했지만 성공하지 못했어요. 해양 생물에게는 천만다행이에요. 교도소의 강철 창살을 만들때 망가니즈를 섞어 쓰기도 해요!

망가니즈 : 20도에서 고체 상태
녹는점 : 1246℃
끓는점 : 2061℃
색깔 : 은회색

철 IRON

세계에서 가장 중요한 금속

철이 없다면 온 세상이 **무너지고** 말 거예요

철은 세상을 지배하는 원소예요!

우리 지구의 35퍼센트를 구성하는 철은 강력한 금속이에요. 짙은 회색의 철에 소량의 탄소와 여러 금속을 추가하면, 최고로 단단하고 반짝이는 강철이 된답니다. 당연하게도 철은 부엌 싱크대부터 초대형 유조선까지 뭐든 만들 수 있어서 세계에서 가장 널리 사용하는 금속이에요. 우리 몸도 혈액으로 산소를 운반하는 데 철을 이용해요.

우주의 철!

화성
철은 물이나 공기에 닿으면 녹이 생겨 붉게 변하고 부스러져요. 화성이 붉게 보이는 이유도 녹슨 철 때문이에요.

지구의 철 대부분은 땅속 깊은 곳에서 있고, 약간의 니켈과 밀도 높은 뜨거운 핵을 이루고 있어요. 아주 오래전 새로 태어난 지구가 여전히 불타는 공이었을 때, 땅속 깊은 곳에 가라앉았어요. 다행스럽게도 지각에 철이 풍부한 암석, 즉 광석이 남아서 우리가 철을 얻을 수 있어요.

세상의 모든 철은 오래전에 별에서 탄생했어요. 거성에서는 빛을 내던 수소와 헬륨 원자가 소진되는 시기가 와요. 그러면 별은 붕괴되고, 원자들도 부서지고, 새로운 원소가 만들어져요. 철은 '초신성'이 폭발할 때 만들어진 맨 마지막 원소예요. 지구는 초신성에서 토해낸 철과 다른 원소들로 구성되어 있어요.

지각의 약 5퍼센트는 철이에요.

맨틀에는 철과 마그네슘이 풍부해요.

외핵에는 액체 상태인 철과 니켈이 있어요.

내핵에는 고체 상태인 철과 니켈이 있어요.

지구의 **자기장**은 외핵에 있는 액체 상태의 철이 움직이면서 생기는 거예요.

철 : 20℃에서 고체 상태 · 녹는점 : 1538℃ · 끓는점 : 2861℃ · 색깔 : 은회색

코발트 COBALT
27 Co 58.9332

코발트는 자기력을 가진 4가지 원소 중 하나예요. 도깨비와 비슷한 독일의 괴물 '고블린'에서 유래했어요. 코발트를 은으로 착각해서 열심히 캐냈던 중세 시대의 독일 광부들이 도깨비에 속았다고 하면서 붙인 이름이랍니다! 염화 코발트 잉크로 쓴 비밀 편지 또한 도깨비 같은 코발트의 눈속임이에요. 최근에 코발트는 제트 엔진의 극한 온도를 견딜 수 있는 초합금으로 사용되고 있답니다.

코발트 : 20℃에서 고체 상태
녹는점 : 1495℃
끓는점 : 2927℃
색깔 : 금속성 광택이 나는 회색

니켈 NICKEL
28 Ni 58.6934

니켈과 코발트, 가돌리늄, 철은 자력을 가진 4인조예요. 코발트와 마찬가지로 니켈은 중세 시대 독일의 광부들을 곤란하게 만들었지요! 광부들은 니켈을 구리로 착각해서 '악마의 구리'라는 별명을 붙였어요. 물론 니켈은 악마만큼이나 열에 강해요. 알루미늄과 결합하면 로켓과 제트기에 완벽한 합금을 만들 수 있답니다. 100원짜리 동전은 구리 75퍼센트에 니켈 25퍼센트로 이루어져 있어요!

니켈 : 20℃에서 고체 상태
녹는점 : 1455℃
끓는점 : 2913℃
색깔 : 은백색

아연 ZINC
30 Zn 65.409

아연은 우리 몸의 필수 영양소예요. 아연을 충분하게 섭취하지 않으면 제대로 성장할 수 없어요. 메이플 시럽이나 치즈, 굴을 먹으면 아연을 얻을 수 있어요! 아연은 훌륭한 자외선 차단제이기도 해요. 하지만 아연이 들어간 선크림은 유령처럼 보일 만큼 얼굴을 너무 하얗게 만들어서, 지금은 쓰지 않아요. 강철에 아연을 입히면 공기와 수분을 차단해 부식을 방지해 준답니다.

아연 : 20℃에서 고체 상태
녹는점 : 420℃
끓는점 : 907℃
색깔 : 푸르스름한 백색

파란색이 필요하다면 코발트를 써 보세요.
코발트로 색을 입힌 푸른 유리는 약 3000여 년 전으로
거슬러 올라가 이집트 파라오 투탕카멘의 무덤에서도
찾을 수 있어요. 오래전부터 코발트는 아름답고 선명한
파란색으로 사용되었어요.

코발트 유리구슬

니켈은 우주에서 온 금속이에요! 우리가 사용하는
니켈 대부분은 지구에 충돌한 운석에서 왔어요.
18억 4900만 년 전에 캐나다의 서드베리 지역을 강타한
아주 강력한 운석은 2억 톤이 넘는 니켈을 남겼어요!

어디선가 반짝이는 금빛 금속을 보았다면
그건 황금이 아니라 황동일 거예요. 황동은 약 3분의 1의
아연과 3분의 2의 구리를 섞은 혼합물이에요.
황동은 굉장히 유용하지만 황금보다 훨씬 저렴하고 강해요.
하지만 반짝임을 유지하려면 많은 세공 과정을 거쳐야 해요!

누구든 구리를 다른 원소와 헷갈릴 일은 없을 거예요. 붉은색을 가진 금속은 구리뿐이거든요.
게다가 금과 은을 제외하고 자신의 이름을 딴 '구릿빛'이란 색깔이 있는 유일한 금속이에요.
구리는 단단하지만 두드려서 쉽게 모양을 잡을 수 있고, 넓게 펴고 늘려서 구리선을 만들기도 해요.
구리는 전기 전도성이 뛰어난 데다 잘 늘어나는 성질을 갖고 있어요. 아주 중요한 장점이에요.
덕분에 전 세계의 전력 체계가 모두 구리선에 의존하고 있어요!

새롭게 떠오르는 금속

수십만 년의 구석기 시대 동안 사람은 날카로운 돌을 이용해 도구를 만들었어요. 하지만 약 7000여 년 전부터는 구리를 이용하는 방법을 발견했어요! 돌을 사용하던 당시 기술로는 아주 엄청난 발견이었답니다.

하지만 구리로 만든 도구는 탐탁지 않았어요. 멋지긴 했지만 꽤나 물렀거든요. 사람들은 곧 주석을 구리에 섞으면 단단한 청동을 만들 수 있다는 사실을 알아냈어요. 청동은 칼부터 냄비까지 뭐든 만들 수 있어요. 청동기는 약 5000여 년 전에 시작되었고, 지금까지 청동을 사용하고 있어요.

최근에는 청동을 예전만큼 사용하지 않아요. 철이 훨씬 싸고 다루기 쉬운 데다 강하니까요. 그래도 여전히 우리는 구리의 시대를 살고 있어요! 은만큼 전기가 잘 통하는 금속은 구리뿐이라서 구리로 전기선을 만들어 쓰고 있거든요.

구리는 공기 안의 산소와 만나면 반짝반짝한 붉은색이 밝은 녹색으로 변해요. 이 '녹청' 때문이라고 해요. 자유의 여신상은 0.2센티미터 두께의 녹청이 구리로 만들어진 몸체 전체를 덮고 있답니다.

바닷가재와 달팽이, 거미의 피는 사실 붉은색이 아니라 파란색이에요! 몸 전체로 산소를 운반하는 혈액 세포가 구리 분자를 이용해 산소를 유지하기 때문이에요.

구리 : 20℃에서 고체 상태 · 녹는점 : 1084℃ · 끓는점 : 2562℃ · 색깔 : 붉은 주황색

39 Y 88.90585 이트륨 YTTRIUM

조금 낯선 이름일 수도 있지만, 이트륨은 납보다 2배나 흔해요. 이트륨이라는 특이한 이름은 1787년 처음 발견된 스웨덴의 작은 마을 '위테르뷔'에서 유래했답니다. 이트륨은 지금부터 설명할 강한 금속 4가지 중에서 가장 녹기 쉽고 무른 금속이에요. 강철을 버터처럼 자를 수 있는 레이저 광선에 들어가요. 동위 원소인 이트륨-90은 수술용 칼보다 더 정밀한 척추 수술용 바늘을 만드는 데 써요.

이트륨 : 20℃에서 고체 상태
녹는점 : 1522℃
끓는점 : 3345℃
색깔 : 은백색

40 Zr 91.224 지르코늄 ZIRCONIUM

지르코늄은 다이아몬드를 아주 많이 닮았어요. 그만큼 단단하기도 하고요. 그래서 금속임에도 불구하고 다이아몬드처럼 빛나면서 훨씬 저렴한 '지르콘'이라는 보석 결정을 만들어요. 만약 핵반응을 제어하고 싶다면 지르코늄을 이용해 보세요. 지르코늄은 아주 단단하고 고온에 강한 데다 중성자를 튕겨 내는 성질이 있어요. 핵 잠수함과 원자로 내벽에 사용할 만하지요.

지르코늄 : 20℃에서 고체 상태
녹는점 : 1855℃
끓는점 : 4409℃
색깔 : 은백색

41 Nb 92.90638 나이오븀 NIOBIUM

나이오븀은 가공하지 않았을 때는 약간 부드럽지만 다른 금속과 섞이면 아주 단단하고 열에 잘 견뎌요. 그래서 나이오븀 합금으로 우주 로켓 엔진의 분사구를 만들곤 해요. 주석이나 타이타늄을 넣은 나이오븀 합금은 의료 장비용 초전도 자기 코일에 쓰여요. 나이오븀은 공기에 닿으면 빠르게 산화막을 둘러싸기 때문에 부식되지 않아요. 그래서 알레르기를 일으키지 않는 장신구 재료로도 좋답니다.

나이오븀 : 20℃에서 고체 상태
녹는점 : 2477℃
끓는점 : 4744℃
색깔 : 은회색

42 Mo 95.94 몰리브데넘 MOLYBDENUM

몰리브데넘은 재밌는 이름을 가졌지만, 만만치 않은 원소예요. 강철에 몰리브데넘을 섞으면 금속 중에서 가장 강하고 엄청난 열에도 견딜 수 있는 '몰리강'으로 탄생해요. 최근에는 몰리강을 고속 드릴의 날에 사용하고 있어요. 1차 세계 대전 때 기존에 쓰던 강철이 적이 쏜 직격탄을 버티지 못한다는 사실을 알고 나서, 아주 단단한 전차를 만들기 위해 몰리강을 사용했어요. 게다가 몰리브데넘은 생명에 필수적인 원소예요. 이 원소가 없으면 동식물은 생존에 필요한 단백질을 만들 수 없어요.

몰리브데넘 : 20도에서 고체 상태
녹는점 : 2623℃
끓는점 : 4639℃
색깔 : 은회색

멘델레예프 교수님과 커다란 표

1869년에 러시아의 드미트리 멘델레예프는 지루한 구식 화학 교과서를 만드는 평범한 화학 교수였어요. 그러던 어느 날 기막힌 생각을 떠올렸답니다. 당시에는 세상에 존재하는 화학 원소가 총 60개라고 알려져 있었어요. 멘델레예프는 60개의 원소를 표로 정리해 교과서에 넣으면 좋겠다고 생각했어요. 우선 가장 가벼운 수소부터 무거운 우라늄까지 무게순으로 원소를 적어 나갔어요. 여기서 끝이 아니었어요.

원소들을 7개의 족으로 나눈 다음 세로로 배치하고, 가로줄은 주기로 나열하는 천재적인 분류법을 개발했어요. 그러자 원소들 사이에 숨어 있던 놀라운 규칙을 확인할 수 있었어요. 같은 줄에 위치한 원소들은 모두 비슷한 특성을 지니고 있었던 거예요. 예를 들어 줄의 한쪽 끝에 있는 원소는 반응성이 매우 큰 금속이었고, 다른 쪽에 있는 원소들은 반응성이 낮은 기체였어요. 엄청난 발견이었지요.

지금은 이러한 특징이 가장 바깥 껍질에 있는 전자의 수와 원자의 구조 때문이라는 사실이 밝혀졌어요.

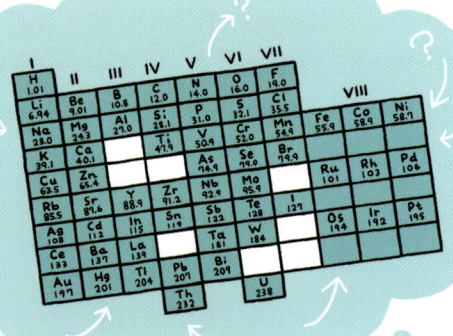

멘델레예프의 표에는 몇 군데 빈칸이 있었어요. 하지만 멘델레예프는 걱정하지 않았어요. 아직 알려지지 않은 원소들이 곧 밝혀져 채워질 거라고 예측했어요. 그 후로 17년이 흘러 과학자들이 숨겨진 원소인 갈륨과 스칸듐, 저마늄을 발견했어요. 그 뒤로도 무려 50개가 넘는 원소가 추가로 확인되었어요.

43 Tc 98 테크네튬 TECHNETIUM

방사성 테크네튬은 수백만 년이 지나면 붕괴되어 사라져요! 놀랍게도 테크네튬은 적색 거성에서 만들어지고 존재해요. 지금은 암 진단 장비에 사용하기 위해 주로 원자로를 통해 인공적으로 테크네튬을 만들어요.

테크네튬: 20℃에서 고체 상태
녹는점 : 2157℃
끓는점 : 4265℃
색깔 : 은회색

44 Ru 101.07 루테늄 RUTHENIUM

루테늄은 아주 희귀해요. 부식에 매우 강해서 전자 제품과 태양광 전지에 사용하지요. 루테늄으로 만든 촉을 가진 만년필은 절대 닳지 않아요.

루테늄: 20℃에서 고체 상태
녹는점 : 2334℃
끓는점 : 4150℃
색깔 : 은백색

45 Rh 102.90550 로듐 RHODIUM

초광택 로듐은 황금보다 1000배나 희귀해요. 그래서 폴 매카트니는 1979년 당시, 최다 앨범 판매고를 올린 기념으로 로듐이 도금된 디스크를 선물받았어요. 로듐은 주로 자동차 배기가스의 오염도를 줄여 주는 촉매 변환 장치에 들어가요.

로듐: 20℃에서 고체 상태
녹는점 : 1964℃
끓는점 : 3695℃
색깔 : 은백색

46 Pd 106.42 팔라듐 PALLADIUM

사촌인 로듐, 백금과 같이 희귀하고 반짝이는 팔라듐은 촉매 변환 장치에 많이 쓰여요. 이들 세 원소 중 가장 가벼워서, 부식이 되면 안 되는 전자 접촉부에 사용해요. 아마 여러분의 스마트폰에도 조금 들어 있을 거예요!

팔라듐: 20℃에서 고체 상태
녹는점 : 1555℃
끓는점 : 2963℃
색깔 : 은백색

카드뮴은 멋진 노란색 물감을 만드는 재료예요. 프랑스의 유명한 화가 모네도 이 카드뮴 물감을 즐겨 썼어요. 현재는 독성이 아주 강하다는 사실이 알려져 더는 물감으로 쓰지 않아요. 지금은 주로 충전 가능한 니켈카드뮴 전지에 사용되고 있어요. 항상 조심해서 사용해야 해요!

카드뮴: 20℃에서 고체 상태
녹는점 : 321℃
끓는점 : 767℃
색깔 : 은백색

하프늄은 종종 지르코늄과 함께 발견되는 원소예요. 하지만 원자력 발전소에서 두 원소는 완전히 다른 일을 해요. 지르코늄은 중성자를 통과시키고 하프늄은 중성자를 멈추게 해요. 그래서 하프늄은 핵반응을 약하게 만드는 제어봉에 사용하고, 지르코늄은 연료를 감싸는 용도로 이용하지요.

하프늄: 20℃에서 고체 상태
녹는점 : 2233℃
끓는점 : 4603℃
색깔 : 은회색

탄탈럼은 비디오 게임기부터 의료 장비까지 수많은 장비의 전자 부품을 감싸기 위해 사용하는, 부드럽고 반짝이는 금속이에요. 1800년대 초기 탄탈럼을 찾고 있던 과학자들은 아주 희귀했던 이 원소에 '애타게 하다'란 뜻을 가진 이름을 지어 주었어요.

탄탈럼: 20℃에서 고체 상태
녹는점 : 3017℃
끓는점 : 5458℃
색깔 : 은회색

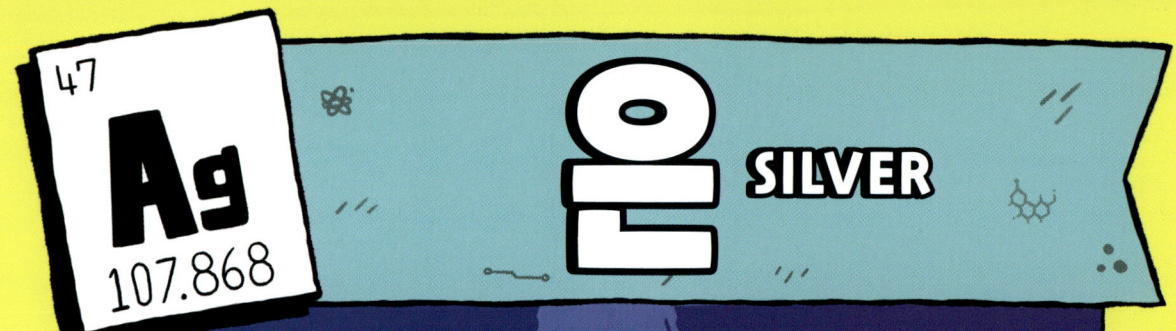

47

Ag

107.868

은 SILVER

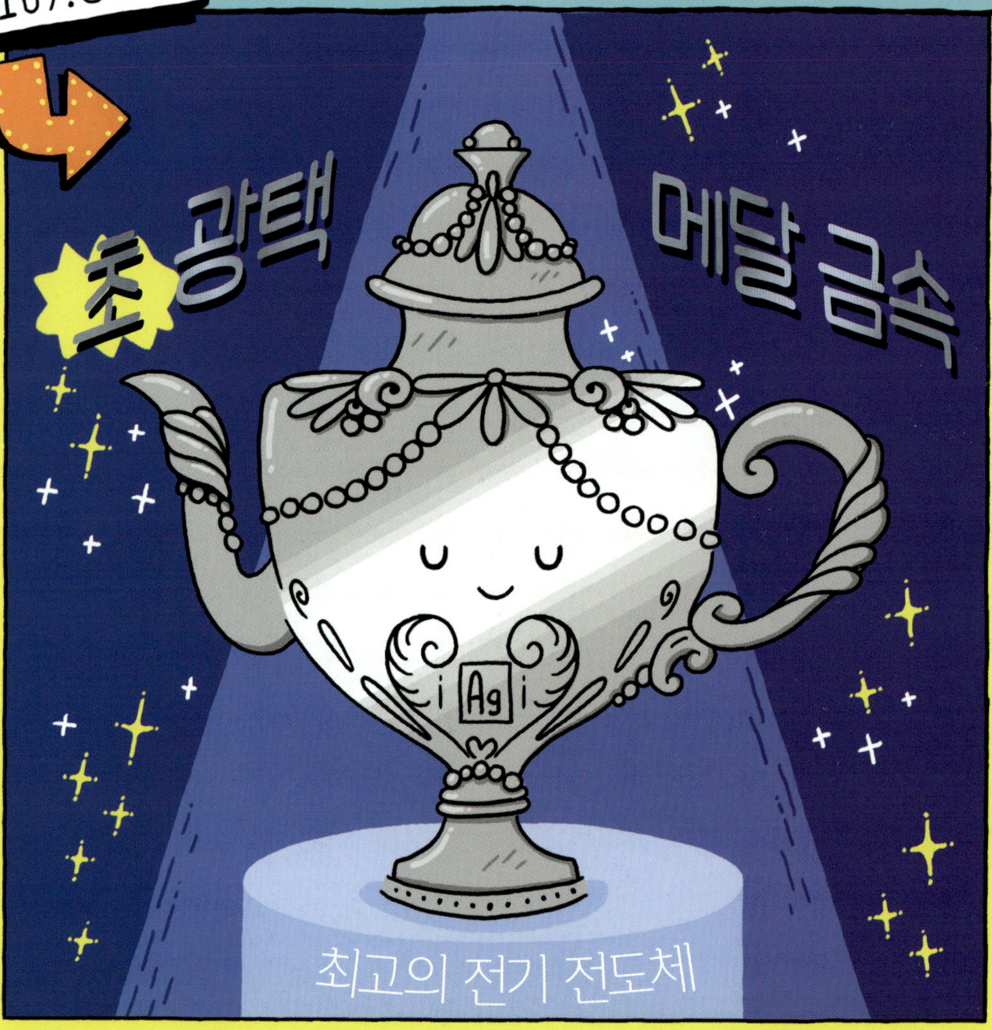

초광택
메달 금속
Ag
최고의 전기 전도체

Ag
1
2

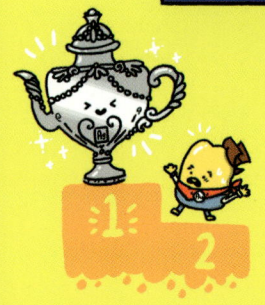

번쩍이는 황금과 반짝반짝한 은은 가장 가치 있는 금속들이에요.

은은 2등 금속에 머물 때가 많지만, 전기와 열 전도성 분야에서는 단연 1등이에요. 게다가 굉장히 잘 늘어나는 성질이 있어요. 전기선에 사용하면 구리보다 훨씬 낫지요. 은은 모든 금속 중에서 가장 반짝여요. 귀하고 값이 비싸다는 게 유일한 흠이랍니다.

화려한 귀금속과 장신구?

은은 이 세상에 사진술을 등장시킨 금속이에요! 초기의 사진은 은 성분을 입힌 판을 이용해 사물의 상을 빛에 노출시켜서 장면을 남겼어요.

여러분도 땅에서 순은을 발견할 수 있어요. 운이 좋다면 말이지요. 은은 알갱이나 은사, 덩어리 형태로도 발견돼요. 하지만 암석 안에서 띠 구조를 이룬 광맥을 발견하는 게 제일 좋아요. 그로쉬 형제는 1857년에 미국 네바다주에서 약 3600억 원의 가치를 지닌 어마어마하게 큰 은 광맥을 발견했어요. 하지만 두 형제는 곧 사망했고 광산은 관리인이었던 헨리 콤스톡의 이름을 따 콤스톡 광맥이라고 불리게 되었어요. 콤스톡 역시 힘든 삶을 살았고 끝도 좋지 않았어요. 어쩌면 은 광맥은 행운이 아니었는지도 몰라요.

과거에 부자들은 호화스러운 식기와 장신구에 은을 즐겨 사용했어요. 하지만 은은 공기에 닿으면 검게 변해서 고용인들이 항상 식기를 깨끗하게 닦아야만 했어요. 지금은 여러분이 지니고 있는 스마트폰에 은이 조금 들어가고 있어요. 스마트폰의 아주 작은 접촉부에 넣기에 딱 맞는 전도체거든요. 겨우 0.3그램 정도 들어간답니다.

은의 원소 기호는 Ag예요. 라틴어로 은을 뜻하는 단어 '아르젠티움'에서 유래했지요. 한때 은이 많이 발견되었던 아르헨티나의 나라 이름 역시 이 말에서 유래했어요.

은 : 20℃에서 고체 상태 · 녹는점 : 962℃ · 끓는점 : 2162℃ · 색깔 : 밝은 은색

74 W 183.84 텅스텐 TUNGSTEN

텅스텐만큼 인장 강도(잡아당기는 힘을 견디는 능력)가 강하고 녹는점이 높은 금속은 없어요. 또 전기가 통과해도 녹지 않고 흰색으로 환하게 빛을 내서 전구에 사용하곤 해요. 강철을 섞어 전투 장비용 장갑판을 만들기도 하고요. 텅스텐의 원소 기호는 'W'예요. 중세의 독일 광부들이 암석에서 주석을 추출할 때 텅스텐이 방해가 되자, 이를 '늑대 먼지(wolfram)'라고 부른 데서 유래했어요.

텅스텐 : 20℃에서 고체 상태
녹는점 : 3422℃
끓는점 : 5555℃
색깔 : 은백색

75 Re 186.207 레늄 RHENIUM

레늄은 텅스텐만큼 단단하고 녹는점도 비슷하게 높아요. 하지만 굉장히 희귀해서 순수한 표본은 화산 속에서나 발견할 수 있어요! 레늄은 1925년에 마지막으로 발견된 안정동위원소*예요. 660킬로그램의 몰리브데넘을 가공하면, 겨우 1그램을 찾을 수 있어요! 레늄을 철니켈 금속에 추가하면 극한 환경에서도 견딜 수 있는 초합금을 만들 수 있답니다. 레늄 초합금은 제트기의 엔진을 회전시키기 위한 최고의 재료예요.

레늄 : 20℃에서 고체 상태
녹는점 : 3186℃
끓는점 : 5596℃
색깔 : 은백색

안정동위원소 : 방사성동위원소와 달리 방사 붕괴를 하지 않고 안정된 동위원소

76 Os 190.23 오스뮴 OSMIUM

오스뮴보다 단단하고 무거운 금속은 없어요. 텅스텐보다도 훨씬 무겁고 단단하답니다. 백금과 팔라듐처럼 굉장히 반짝이는 성질도 가지고 있어요. 오스뮴은 엄청나게 희귀하지만, 사산화 오스뮴의 경우 끔찍한 냄새가 나서 장신구로 착용할 수 없어요. 사실 오스뮴은 원소 중에서 냄새가 제일 고약해요. 이름도 고대 그리스어로 '고약한 냄새'란 뜻을 가진 말에서 유래했답니다.

오스뮴 : 20℃에서 고체 상태
녹는점 : 3033℃
끓는점 : 5012℃
색깔 : 푸르스름한 회색

77 Ir 192.217 이리듐 IRIDIUM

반짝반짝 이리듐은 아주 단단해서 파괴하기 힘든 금속이에요. 지금까지 알려진 금속 중에서 부식에 제일 강해요. 1803년에 이리듐을 발견한 스미슨 테넌트는 이 원소에 산이 닿으면 무지개색으로 변한다는 사실을 발견했어요. 그래서 그리스 신화의 무지개 신 '아이리스'의 이름을 따 이리듐이라고 불렀어요. 이리듐은 운석에서 발견할 수 있어요. 6600만 년 전에 멕시코만에 충돌한 운석은 공룡을 멸종시켰지만, 그 덕분에 우리는 이리듐이 풍부한 얇은 점토층을 얻을 수 있었지요.

이리듐 : 20℃에서 고체 상태
녹는점 : 2446℃
끓는점 : 4428℃
색깔 : 은백색

백금 PLATINUM

78 Pt 195.084

정말 **반짝반짝** 예쁘구나!

화학 반응을 일으켜요

백금은 지구상에서 가장 매력적인 금속이에요.
굉장히 반짝이고 아주 희귀해요. 은과는 달리 공기에 닿아도 반짝임을 잃지 않아요. 100만 장의 앨범을 판매한 가수에게 황금 디스크보다 귀한 상으로 백금 디스크를 선물하는 데는 그만한 이유가 있지요. 백금은 주변의 다른 화학 물질들이 반응을 일으키도록 만드는 물질, 즉 '촉매'이기 때문에 훌륭한 선발 투수라고 할 수 있어요.

반응을 일으키는 원소

백금은 차에서 나온 매연을 조금 더 깨끗하게 만들어 줘요. 매연은 촉매 변환 장치의 여과 과정을 거치는데, 이 변환기의 금속 철망 위에 얇은 백금을 입힌 촉매가 있어요.

남아메리카 대륙의 콜롬비아인들은 수천 년 전부터 백금에 대해 알고 있었어요. 하지만 500여 년 전에 콜롬비아에 도착한 스페인 사람들이 원하던 것은 오직 황금이었어요. 스페인 사람들이 '핀토강의 보잘것없는 은'이라고 무시하던 백금이 황금만큼, 어쩌면 그보다 훨씬 더 특별하다는 사실을 깨닫기까지 수 세기가 걸렸어요.

사람들은 변함없이 반짝이는 백금을 장신구로 착용했어요. 백금은 화학 반응을 잘 일으켜서 수많은 공정의 비밀 재료로 사용돼요. 정유와 자동차 배기가스 정화, 광섬유 제작, 암 치료제, 컴퓨터, 제트 엔진 등 끝이 없어요.

백금은 적은 양으로도 중요한 역할을 해요. 잘 변하지 않아서 1799년에 최초의 표준 킬로그램을 재는 '킬로그램 원기' 또한 백금으로 만들었어요.

'아메리칸 이글'은 미국의 유일한 백금 동전이에요. 100달러 정도하는 이 동전을 투자자들은 보관하고 있다가 수천 달러에 팔기도 해요!

백금: 20°C에서 고체 상태 · 녹는점: 1768°C · 끓는점: 3825°C · 색깔: 은백색

금 GOLD

Au 79
196.96655

유일한 **노란색** 금속

영원히 반짝여요!

금은 유일하게 노란색을 띠는 금속 원소로, 아주 희귀해요. 다른 원소와 잘 섞이거나 부식되지 않아서 광택이 절대 사라지지 않아요. 순수한 형태의 금이 땅속에서 잘 발견되는 이유이기도 하지요. 금은 수십억 년 전부터 땅에 묻혀 있었지만, 변치 않는 반짝임과 황금색을 유지할 수 있어요. 그래서 황금으로 만든 고대의 보물들은 지금도 새것처럼 반짝여요.

영원한 태양의 상징

전 세계의 모든 금은 오래전 초신성이라고 하는 거성이 폭발하며 만들어졌어요. 그 후 수십억 년 전 지구에 충돌한 운석과 함께 떨어졌지요. 반짝거리는 금은 암석 속에 완벽하게 숨어 있어요. 찾기 어렵지만 가끔 조각이 발견되기도 해요. 1848년, 미국 캘리포니아 지역에 광맥이 발견되면서 채굴자들이 몰려들어 '금광 시대'가 펼쳐졌어요.

금은 현재까지 약 19만 톤이 채굴되었고, 거의 그대로 존재해요. 전 세계적으로 화폐로 통용되고 있어요. 종이 화폐가 실패했을 경우를 대비해 지금까지 채굴된 모든 금의 약 4분의 1이 뉴욕 연방준비은행의 지하 금고에 보관되어 있어요.

오늘날 대부분의 금은 장신구로 사용돼요. 하지만 훌륭한 전기 전도체인 데다 절대 부식되지 않아서 스마트폰을 비롯한 전자 제품에 점점 더 많이 사용되는 추세예요.

현재까지 발견된 가장 큰 금덩어리는 1869년의 '웰컴 스트레인저'예요. 무게가 71킬로그램에 달하지요! 금 채굴자들은 선광 냄비로 사금을 골라낼 수 있어요. 금 알갱이를 분리할 수 있는 특별한 냄비 안에 모래를 넣고 강물로 씻어 내는 방법이에요.

금은 잘 늘어나고 쉽게 모양을 잡을 수 있어요. 약 28그램의 금을 두드리면 놀랍게도 17제곱미터 넓이의 얇은 박을 만들 수 있어요. 이렇게 만든 금박을 다른 비금속에 도금하여 빛나게 만들지요.

금 : 20℃에서 고체 상태 · 녹는점 : 1064℃ · 끓는점 : 2856℃ · 색깔 : 금속 광택의 노란색

수은 MERCURY

80 Hg 200.592

상온에서 유일하게 **액체 금속**

독성물질!

수은은 상온에서 유일하게 액체로 존재하는 금속이에요.
아주아주 차가운 온도에 도달하기 전에는 얼지 않아요. 수은은 밀도가 물의 13배가량으로 높아요. 그래서 수은 위를 걷더라도 발목까지밖에 발이 잠기지 않을 거예요! 하지만 발을 담글 수 있을 정도로 수은이 많다 해도 절대 시도하지는 마세요. 수은은 독성이 굉장히 강하답니다!

유일한 액체 금속

수은이 위험하다는 사실을 알아차리기 전까지 사람들은 수은 온도계를 사용했어요. 온도가 약간만 올라가도 크게 팽창하는 성질이 있어서 온도 변화를 정확하게 보여 줄 수 있답니다. 게다가 섭씨 357℃에 이르기 전까지는 끓지도 않아요.

오랫동안 사람들은 수은을 '마법의 금속'이라고 생각했어요. 로마인들은 라틴어로 히드라르기룸(hydrargyrum)이라 불렀는데 '액체 은'이라는 뜻이에요. 수은의 원소 기호가 Hg인 까닭이에요. 중세 시대에는 수은을 '리빙(living)' 혹은 '퀵실버(quicksilver)'이라고 불렀어요.

사실 고대부터 사람들은 수은이 질병을 치료해 준다고 믿었어요. 수은에 독성이 있다는 사실은 전혀 알지 못했지요. 영국의 왕 찰스 2세 역시 1685년에 수은 중독으로 사망했어요.

루이스 캐럴의 《이상한 나라의 앨리스》에는 미친 모자 장수로 불리는 인물이 나와요. 빅토리아 시대에는 모자 장수들이 수은 중독으로 종종 정신 건강이 안 좋아졌어요. 양털을 모자용 천으로 만드는 과정에서 엉겨 붙게 하려고 수은에 담그는 작업을 했거든요. 지금은 다들 수은을 직접 만져서는 안 되고, 안전하게 버리거나 재활용해야 한다는 사실을 알고 있어요.

수은은 주로 사랑스러운 붉은색을 가진 '진사'라는 암석에서 얻을 수 있어요. 사람들은 한때 진사를 곱게 갈아 물감이나 화장용 가루로 썼어요. 하지만 진사 속에 들어 있는 황화 수은에 독성이 있었지요!

수은 : 20℃에서 액체 상태 · 녹는점 : -39℃ · 끓는점 : 357℃ · 색깔 : 은색

전이 후 금속

'전이 후 금속'은 철과 같은 단단한 전이 금속보다 부드럽고 조금 더 탁한 회색을 띠어요. 이들 원소 또한 중요하고 유용해요. 전이 후 금속은 모양을 잡기가 아주 쉬운 훌륭한 전기 전도체예요. 그중 산소와 규소 다음으로 지각에 풍부한 원소인 알루미늄은 음료수 캔으로 사용하고 있어요.

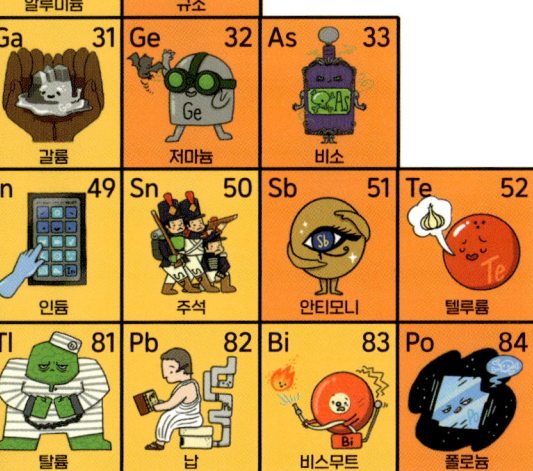

준금속은 꽤 단단하고 반짝거리지만 잘 부러져요. 그래서 때리면 유리처럼 금이 가거나 머그잔처럼 이가 나갈 수 있어요. 심지어 가루로 부스러지기도 해요. 무언가 단단한 물건을 만들고 싶다면, 다른 금속과 섞어 합금으로 만들어야 한답니다.

준금속

'준금속'은 일종의 반인반수 같은 원소예요. 반은 금속이고 반은 금속이 아니거든요. 예를 들어 일부 준금속은 전기가 반만 통하는 반도체예요. 전기가 통할 때도 있고 통하지 않을 때도 있어요. 이상하지요? 이러한 반도체는 스위치 같은 역할을 해서 전자 제품에 아주 유용하게 쓰여요. 붕소와 규소, 저마늄, 비소, 안티모니, 텔루륨, 폴로늄은 모두 준금속이에요. 그중 규소는 컴퓨터 부품으로 중요하게 쓰이며, 현대 사회를 변화시켰어요!

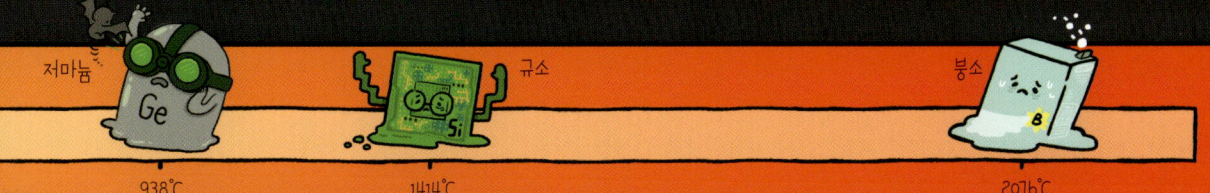

# 알루미늄
ALUMINUM

13
Al
26.982

칙칙한 은색 금속

갓 캐낸 Al

아주 가볍고 단단해요

탄산음료 캔부터 제트기까지

알루미늄은 지구상에 다른 어떤 금속보다 풍부해요.
철보다도 많답니다! 약간 칙칙한 색을 띠지만, 놀라울 만큼 가볍고 단단해요.
게다가 공기에 닿아도 짙은 회색의 산화 알루미늄 막을 얻을 뿐 부식되지 않아요.
당연히 냄비부터 비행기까지 생활 곳곳에 두루두루 사용돼요.

더욱 가볍고 단단하게!

세상에는 알루미늄이 아주 많지만, 200년 전까지는 아무도 그 사실을 알지 못했어요. 명반(백반)처럼 다른 물질과 결합해 있었거든요. 수 세기 동안 의사들이 명반염을 가지고 피를 멈추게 했고, 염색업자들은 색이 잘 들도록 명반염을 사용했지만, 그 속에 금속이 있다는 사실은 생각지도 못했어요. 그러다 1800년대 초기에 과학자들이 명반의 비밀을 파헤치기 시작했고, 덴마크의 과학자 한스 크리스티안 외르스테드와 독일의 과학자 프리드리히 뵐러가 단서를 얻었어요. 예상대로 명반 속에는 '알루미늄'이란 금속이 들어 있었어요.

알루미늄은 1880년경, 보크사이트와 같은 원광석에 전기로 충격을 주어 추출하는 방법을 발견하기는 전까지는 굉장히 희귀했어요. 하지만 지금은 철 다음으로 세계에서 가장 많이 사용하는 금속이에요. 가볍고 단단하며, 부식에 강해서 탄산음료 캔부터 전력 케이블, 자전거 뼈대까지 어떤 것도 만들 수 있어요. 초기 우주 비행사들은 으깬 음식을 넣은 알루미늄 튜브에 가져가 빨대로 먹었어요.

캔을 다시 써요! 알루미늄은 세상에서 가장 많이 재활용하는 금속이에요. 보크사이트에서 새로운 알루미늄을 얻기 위해서는 많은 양의 전기가 필요해요. 재활용하는 편이 훨씬 저렴하지요! 그러니 모두 캔을 재활용하자고요!

알루미늄은 잘 늘어나는 연성 금속이기 때문에 굉장히 얇고 반짝이는 포일로 돌돌 말아 사용하곤 해요. 알루미늄 포일로 고기를 감싼 뒤 요리를 하면 육즙을 지킬 수 있답니다.

알루미늄 : 20℃에서 고체 상태 · 녹는점 : 660.32℃ · 끓는점 : 2470℃ · 색깔 : 은백색

갈륨 / 인듐
GALLIUM / INDIUM

31 Ga 69.723

49 In 114.818

버터처럼 녹는 금속

인듐이 없으면 휴대 전화 화면이 먹통이 될 거예요!

갈륨은 밝고 반짝이는 금속이에요.

단단해 보이지만 섭씨 30℃에서 녹아요. 수은 외에는 이보다 더 낮은 온도에서 녹는 금속은 없어요. 만약 갈륨으로 만든 숟가락을 뜨거운 음료에 넣으면 마법처럼 순식간에 사라질 거예요!

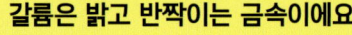

인듐은 구부리면 약하게 끼익 하는 소리가 나는데, 이는 결정이 스스로 재조정되는 소리랍니다. 인듐은 모양을 잡기 쉬운 연질 금속이에요. 굉장히 희귀하고 거의 그 자체로 발견되는 경우가 없지만, 다행히도 아연과 주석, 납 광물에서 찾을 수 있어요.

금속은 대체로 전기를 잘 전달해요. 그렇지만 갈륨은 전기를 조금만 전달한답니다. 비소와 같은 금속과 결합하면, 모든 전자 제품에 활용할 수 있는 훌륭한 반도체가 될 수 있어요. 여러분이 LED 액정이 달린 전화기나 블루레이 디스크를 가지고 있다면 갈륨도 가지고 있는 셈이에요! 의사들도 갈륨을 좋아해요. 갈륨은 특별한 형태로 존재할 수 있는데 갈륨-67은 갈륨의 동위 원소예요. 이 동위 원소는 약간의 방사성을 가지고 있어서 광선을 내뿜어요. 그래서 몸속에 들어가면 곧장 암세포로 돌진해요. 광선에 비친 암세포의 위치를 스캐너를 통해 볼 수 있어요. 이를 '갈륨 스캔'이라고 해요.

갈륨: 20℃에서 고체 상태
녹는점: 30℃
끓는점: 2203℃
색깔: 은백색

중성 미자는 거의 감지하기 어려운 아주 작은 아원자 입자예요. 태양이 계속해서 내보내는데, 우리가 모르는 사이 몸을 통과한답니다. 러시아의 과학자들은 이 중성 미자 몇 개를 가두기 위해 커다란 욕조에 액체 갈륨을 채웠어요. 그리고 성공했지요!

인듐은 굉장히 미끌미끌해요. 그래서 경주용 차의 기술자들은 기름 무게 때문에 자동차 속도가 느려지는 걸 대비해 볼 베어링에 인듐을 바른답니다.

갈륨과 마찬가지로 인듐은 휴대 전화와 컴퓨터에 유용한 반도체예요. 인듐과 산소, 주석을 합치면, 투명하면서도 전기가 잘 통하는 물질이 돼요. 이는 TV나 컴퓨터, 터치스크린 화면에 전기 신호를 보내서 영상을 보여 주는 역할을 해요. 인듐은 대부분 이렇게 반도체로 사용되고 있어요. 또 인듐과 갈륨, 주석을 합친 액체 합금은 독성이 있는 수은 대신 온도계에 사용되기도 해요. 유일한 문제가 있다면, 지구상에 인듐이 얼마 없다는 점이에요.

인듐: 20℃에서 고체 상태
녹는점: 157℃
끓는점: 2072℃
색깔: 은회색

50 Sn 118.710 — 주석 TIN

주석은 짧은 이름에 반해 긴 역사를 갖고 있어요. 주석에 구리를 섞으면 청동을 만들 수 있거든요. 청동은 약 5000년 전부터 인간이 사용한 단단한 금속이에요. 주석을 입힌 금속은 부식되지 않아요. 주석 캔을 사용하면 200년 동안 음식을 보관할 수 있어요. 또 액체 주석 위에 유리물을 부으면 얇고 편평한 판유리를 만들 수 있어요. 오늘날 초고층 빌딩에 많이 사용하지요.

주석 : 20℃에서 고체 상태
녹는점 : 232℃
끓는점 : 2602℃
색깔 : 은백색

81 Tl 204.3833 — 탈륨 THALLIUM

탈륨은 발견 당시부터 문제가 된, 부드럽고 무거운 방사성 금속이에요. 1860년대에 불꽃 스펙트럼에서 녹색 빛이 나오면서 발견되었어요('탈륨'이란 이름은 그리스어 '녹색 가지'란 뜻에서 유래됐어요). 그런데 과학자 윌리엄 크룩스와 클로드 오귀스트 라미가 서로 탈륨을 먼저 발견했다고 주장하며 싸웠어요. 결국 크룩스가 최초의 발견자로 인정받았고, 탈륨은 크룩스의 금속으로 알려졌어요!

탈륨 : 20℃에서 고체 상태
녹는점 : 304℃
끓는점 : 1473℃
색깔 : 은백색

83 Bi 208.98040 — 비스무트 BISMUTH

비스무트는 탈륨과 비슷해 보이지만, 전혀 위험하지 않아요. 방사성이 없는 금속 중에서 제일 무겁지요. 비스무트는 우리의 안전을 책임지는 금속이에요. 비교적 낮은 온도에서 녹아서 전기 퓨즈로 사용해요. 전기 장치에 문제가 생기면 녹으면서 회로를 끊어 버린답니다. 이 원리는 화재 경보기에도 적용돼요. 비스무트가 너무 뜨거워지면 경보가 울린답니다.

비스무트 : 20℃에서 고체 상태
녹는점 : 272℃
끓는점 : 1564℃
색깔 : 은빛이 도는 분홍색

주석은 영하 12℃ 이하의 엄청나게 낮은 온도에서
'주석 페스트'라고 하는 가루로 부스러져요. 이는 주석으로 된
파이프 오르간을 가진 교회의 골칫거리예요. 1912년 남극으로
모험을 떠난 스콧 선장 역시 연료를 주석 캔에 보관했다가
위기에 빠졌어요. 극한 추위 때문에 주석 캔이 부서졌고,
연료가 다 새 버린 바람에 스콧과 탐험 대원들은 얼어 죽었어요.

탈륨은 독성이 매우 강해서 사용이 금지되었어요.
아가사 크리스티의 추리 소설 <창백한 말>에는 사람을
몰래 죽이기 위해 탈륨을 쓰는 살인자가 나와요. 탈륨은
피부로 흡수되기도 하는데, 몸속에 들어가 쌓이면
포타슘(칼륨)처럼 활동하면서 우리 몸의 필수 기능을 막아요.
잘 느껴지지 않아서 서서히 죽음에 이르지요.

비스무트는 아이섀도나 매니큐어 등에
진주 광택을 내기 위해 들어가요. 고대 이집트 시대부터
화장품에 사용했답니다! 비스무트는 또 설사약의
주요 재료로도 쓰이는데, 속을 편안하게 해 주는 성분이
들어 있어요.

82 Pb 207.2

납 LEAD

납은 아주 무거운 금속이에요.
비구름만큼이나 칙칙한 회색을 띠고 있어요. 납만큼 부드러우면서 쉽게 모양을 잡을 수 있고 잘 구부러지는 금속은 드물어요. 부식도 거의 발생하지 않고 꽤 낮은 온도에서 녹는답니다. 최근까지도 납을 이용해 수도관을 만들었다는 사실이 당연하게 여겨질 정도예요. 영어로 '배관공'을 뜻하는 '플러머(plumber)' 역시 납의 라틴어 이름인 '플럼범(plumbum)'에서 유래했어요.

> 연필의 '연'은 납을 뜻해요. 하지만 연필심은 납이 아니라 부드러운 탄소의 일종인 '흑연'으로 만들어졌어요!

무거운 원소

납의 가장 큰 단점은 독성이 있다는 거예요. 조금만 섭취해도 위경련과 두통을 일으킬 수 있어요. 오랜 기간 납에 노출되면 뇌가 손상돼 환각이 보이거나 지능에 이상이 생길 수도 있어요. 어린이에게 특히 좋지 않아요.

과거에는 수도관뿐만 아니라 다른 경로로도 납에 중독되는 일이 많았어요. 최근까지도 휘발유가 부드럽게 타도록 납을 추가했어요. 이 때문에 배기가스로 나오는 납을 들이마셨어요. 지금은 수도관뿐만 아니라 휘발유 첨가제로도 납 사용을 금지하고 있어요.

하지만 납은 여전히 우리 생활에 유용하게 쓰여서 주변에서 쉽게 찾을 수 있어요. 예를 들면, 자동차 전지에 써요. 납의 높은 밀도를 이용해 핵반응을 조절하기 위해 원자로 내벽에 사용하기도 해요. 병원의 엑스선 촬영실에서도 방사선으로부터 직원과 환자들을 보호하기 위해 벽에 납 성분을 넣어요.

영국의 여왕 엘리자베스 1세(1533~1603년)는 천연두 흉터를 가리기 위해 납과 식초 혼합물을 사용했어요. 일부 역사가들은 여왕이 납 중독으로 사망했을 수 있다고 주장해요.

유명한 작곡가 베토벤과 화가 반 고흐도 납 중독에 시달렸을지도 모른다고 추측해요. 베토벤은 의사에게 약으로 납을 처방받았어요. 반 고흐는 흰색 물감에 납을 섞어서 그림을 그렸답니다.

납 : 20°C에서 고체 상태 · 녹는점 : 327°C · 끓는점 : 1749°C · 색깔 : 회색

63

별의 재료들

자연 원소는 별에서 태어났어요! 수소와 헬륨, 어쩌면 리튬까지도 대략 140억 년 전의 '빅뱅(대폭발)' 이후 생겨났답니다. 우주가 탄생한 시기이지요. 다른 원소들은 별에서 직접 만들어졌거나 별의 폭발 혹은 충돌을 통해 생겼어요.

빅뱅은 상상도 할 수 없을 만큼 강력한 에너지를 일으킨 사건이에요. 양성자와 중성자가 충돌하고 얼마 지나지 않아 수소와 헬륨이 만들어졌어요. 한때 과학자들은 이때 리튬도 함께 만들어졌을 것이라고 생각했어요. 하지만 이 가설로는 현재 지구상에 존재하는 모든 리튬의 기원을 설명할 수 없었어요. 지금은 리튬 대부분이 좀 더 시간이 흐른 뒤에 만들어졌다고 보고 있어요.

새로 태어난 별은 수소 에너지로 활활 불타요. 별이 빛나는 이유는 별을 구성하고 있는 중력이 수소 원자를 엄청나게 세게 쥐어짜며 핵반응을 일으키기 때문이에요. 수소 원자는 서로 융합해 더 많은 헬륨을 만들어요. 우리가 태양 같은 별을 올려다보는 일은 사실 헬륨을 만들고 있는 수소를 보는 셈이랍니다.

수십억 시간이 흐르면 더는 융합할 수소와
헬륨이 없어요. 이때 죽어 가는 별이 붕괴를
시작하고, 원자들을 쥐어짜 새로운 원소와 더
큰 원자를 만들지요. 별의 핵은 압력이 극도로
높아서 가장 작은 원자는 바깥쪽에, 가장 무거운
원자는 중앙에 자리한 양파와 같은 구조로
새로운 원소를 형성해요.

헬륨 원자가 융합해
베릴륨에 이어 탄소와 산소를
만들어요.

탄소 원자가 융합해
소듐(나트륨)과 네온을 만들어요.

네온 원자가 융합해 산소와
마그네슘을 만들어요.

산소 원자가 융합해 규소를
만들어요.

규소 원자가 융합해 철과
니켈을 만들어요.

초신성 : **갈륨**과
브로민을 만들어요.

별의 중심부에 생긴 철은 더 이상 융합할 수
없어요. 별은 곧 생을 마감하며 폭발하고,
이때 무거운 원자들이 생겨요. 일부
무거운 원소는 거성이 초신성으로 폭발할
때 만들어져요. 다른 원소들은 굉장히
밀도가 높은 2개의 '중성자별'이 충돌할 때
형성되지요.

충돌하는 중성자별 : **금**과 **우라늄**,
스트론튬을 만들어요.

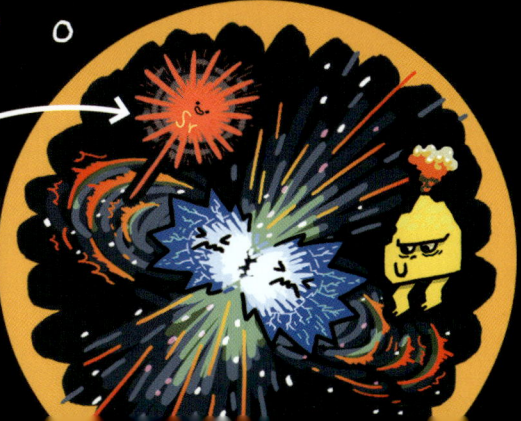

65

붕소 / 규소
BORON / SILICON

5 B 10.811

14 Si 28.0855

두 원소 없이는 식물이 살 수 없어요

세상을 구성해요!

붕소와 규소는 둘 다 '준금속' 또는 '반금속'에 해당해요. 어떤 면은 금속을 닮고 어떤 면은 비금속을 닮았지요. 단순히 탁한 갈색 가루로 보일 수 있지만 무시하지 마세요! 붕소는 희귀하면서도 식물에 꼭 필요하답니다. '실리콘'이라고도 불리는 규소는 산소와 결합해 지각 대부분을 이루는 단단한 결정을 만들어요. 사실 규소는 모래와 컴퓨터, 스마트폰, 유리창, 유리잔을 포함해 어디에서나 찾을 수 있는 원소예요!

인간은 고대 시대부터 흰색 붕사 가루(소듐과 붕소)를 사용했어요. 옛날 금 세공사들은 금을 원하는 모양으로 만들기 위해 붕사를 썼어요. 곰팡이나 해충을 없애고 싶을 때도 이 가루를 사용했답니다. 사실 붕사는 중국의 티베트부터 아라비아와 유럽까지 이어지는 비단길을 따라 낙타들이 실어 날라야 했을 정도로 천 년 전부터 많이 사용된 물질이에요. 하지만 누구도 그 안에 붕소가 있다는 사실을 알지 못했어요.

1732년 프랑스의 화학자 클로드 조프루아는 붕사를 태울 때 나타나는 특이한 녹색 불꽃을 보고 무엇인지 궁금했어요. 1909년이 되어서야 미국의 과학자 에스겔 바인트라우베가 최초로 순수한 붕소를 분리해 냈어요.

붕소 : 20℃에서 고체 상태
녹는점 : 2076℃
끓는점 : 3927℃
색깔 : 다양함

규소와 붕소는 모두 엄청나게 단단해질 수 있어요. 탄화 붕소는 전차의 겉면과 방탄조끼를 만드는 재료예요. 하지만 반대로 잘 늘어나고 잘 튕겨 오르는 '실리 퍼티'라는 장난감의 재료이기도 해요. 실리 퍼티는 규소와 산소를 비롯한 여러 유기 화학 물질이 긴 분자들로 이루어져 있는, 대단히 잘 늘어나는 규소 수지예요.

전자 칩에 사용하는 규소는 순도가 매우 높아요. 먼저, 순도 높은 규암 광맥에서 규소를 채굴해요. 그 후 최첨단 반도체 제조 라인에서 정제 과정을 거쳐 막대 모양의 결정, 혹은 9999999퍼센트의 순수 규소 덩어리를 만들어요. 다이아몬드 도구로 이 덩어리를 얇게 자르면 전자 칩이 될 아주 작은 반도체 기판을 만들 수 있어요.

규소는 인기가 아주 많은 친구예요. 틈만 나면 다른 원소들과 만나요. 규소가 가장 좋아하는 짝은 산소예요. 산소와 규소는 자수정과 옥, 황옥과 같은 보석뿐만 아니라 지각의 90퍼센트를 구성하는 아주 풍부한 광물, 규토를 이루지요. 규소로 이루어진 '전자 칩'과 아주 작은 판은 전화기를 비롯한 여러 전자 장비에 필수적으로 들어가요. 규소는 반도체예요. 전기를 이동시키는 성질을 바꿀 수 있어서 전자 장치에 필요한 미세한 스위치를 만들기에 아주 좋아요.

규소 : 20℃에서 고체 상태
녹는점 : 1414℃
끓는점 : 3265℃
색깔 : 푸르스름한 금속 광택

32 Ge 72.631 저마늄 GERMANIUM

'게르마늄'이라고도 불리던 저마늄은 부러지기 쉽고, 희귀한 은백색 준금속이에요. 이름에서 알 수 있듯이 1886년 독일 지역의 은 광산 암석 덩어리에서 발견되었어요. 저마늄은 멘델레예프의 예측대로 규소와 주석 사이 빈칸에 해당하는 원소였어요. 전기 전도성을 가진 초기 반도체 원소 중 하나로 쓰였어요. 오랫동안 반도체 자리는 규소가 지배했어요. 하지만 다시 저마늄의 유행이 돌아오고 있답니다!

저마늄 : 20℃에서 고체 상태
녹는점 : 938℃
끓는점 : 2833℃
색깔 : 은백색

51 Sb 121.760 안티모니 ANTIMONY

안티모니는 납과 조금 닮은 준금속이에요. 고체로 변할 때 마치 물처럼 팽창하는 몇 안 되는 물질 중 하나예요. 고대 이집트인들은 황화 안티모니 가루를 사용해 눈가에 아이라인을 그려 돋보이게 하는 화장을 했어요. 하지만 안티모니 역시 독성이 있어서 19세기 때 살인자들의 은밀한 살인 도구로 쓰였어요. 중세 사람들은 설사약으로 썼던 안티모니를 씻어서 다시 사용했대요. 우웩!

안티모니 : 20℃에서 고체 상태
녹는점 : 631℃
끓는점 : 1587℃
색깔 : 은회색

텔루륨은 DVD나 블루레이 디스크에 들어 있어요. 보통 짙은 회색 가루로 발견되는 희귀한 준금속이에요. 디스크에 입히면 음악과 영상 정보를 담을 수 있는 얇은 층을 만들 수 있어요. 하지만 안티모니처럼 독성이 있어요. 일정 기간 이상 텔루륨을 다루던 사람들은 마늘을 아주 많이 먹은 것처럼 고약한 '입 냄새'를 얻었어요! 치료법은 오렌지와 레몬을 먹는 거라고 해요.

텔루륨: 20℃에서 고체 상태
녹는점: 450℃
끓는점: 988℃
색깔: 은백색

폴로늄은 문제투성이 원소예요. 방사성이 너무 강해서 가장 흔한 폴로늄 동위 원소의 경우 공기 중으로 빛을 낼 정도랍니다. 1898년 마리 퀴리와 피에르 퀴리는 우라늄 광석에서 새 원소를 발견했어요. 마리는 고국인 폴란드를 따서 '폴로늄'이라고 이름을 붙였어요. 하지만 두 사람은 이 원소의 엄청난 방사능이 마리를 죽게 하리라고는 생각지 못했어요. 1970년대에 러시아에서 달에 보낸 달 탐사 로봇은 폴로늄이 만들어 내는 열을 쓰며 계속 작동하고 있어요.

폴로늄: 20℃에서 고체 상태
녹는점: 254℃
끓는점: 962℃
색깔: 은회색

비소 ARSENIC

33 As 74.92160

치명적인 독성

As

갈륨과 찰떡궁합!

만지지 마시오!

비소는 변신의 천재예요.

동일한 원소지만 다른 다양한 동소체로 변신할 수 있지요. 비소의 동소체는 오래된 흑탄 덩어리 같은 형태도 있고, 밝은 노란색 밀랍처럼 생긴 고체 형태도 있어요. 노란색 비소에 빛을 비추면 공기 중에서 변색이 일어나면서 부서지기 쉬운 금속성 회색 비소로 변해요. 놀랍게도 비소는 평범하게 녹지 않고 기체로 곧바로 승화해요. 끓는점이 녹는점보다 낮기 때문이지요!

음흉한 살인마!

비소는 물론이고 비소의 화합물 역시 독성이 강해요. 역사상 많은 사람이 비소 때문에 사망했고, 아주 적은 양에 닿는 것만으로도 몸이 크게 상할 수 있어요. 비소를 다루는 엄격한 법이 존재하는 데에는 다 이유가 있답니다.

1815년 워털루 전투에서 패배한 프랑스 황제 나폴레옹은 대서양 한가운데 있는 외딴섬 세인트헬레나로 쫓겨났어요. 나폴레옹은 6년 만에 사망했는데, 벽지 때문에 죽었다는 설이 있어요. 벽지에 비소가 섞인 '패리스 그린'이란 물감이 쓰여서, 비소에 중독된 것이지요.

끔찍한 살인자들 역시 비소를 쓰곤 했어요. 단 100밀리그램만 있어도 사람을 죽일 수 있어요. 몸속에서 발견하기 힘들 만큼 적은 양이지요. 하지만 마침내 1836년에 영국의 한 화학자가 피해자의 몸에서 비소를 감지할 수 있는 고감도 검사법을 개발했답니다.

만약 여러분 앞에 루비처럼 붉은 암석이 있다면 계관석일 수 있으니 조심하세요. 노란 호박색 암석은 오피먼트일지 모르니, 가까이 가지 않는 편이 좋아요. 계관석과 오피먼트는 비소가 잔뜩 든 광물이에요.

비소는 유독하긴 하지만 굉장히 유용해요. 갈륨과 힘을 합치면 전자 칩의 전기적 특성을 발생시키고, 작업 속도를 올릴 수 있어요.

비소 : 20℃에서 고체 상태 · 녹는점 : 817℃ · 끓는점 : 614℃ · 색깔 : 회색

란타넘족 원소

이트륨, 스칸듐과 마찬가지로 15개의 란타넘족(란탄족) 원소는 종종 '희토류 원소'로 불리곤 해요. 그렇지만 사실 희귀하지도 않고 흙에서 나오지도 않아요. 희토류는 은색 금속으로, 광석에 드문드문 퍼져 있답니다. 모두 비슷한 화학 성질을 가졌지만 자기성에서는 다양해요. 네오디뮴과 같은 일부 원소는 아주 강력한 자석을 만들 수 있어서 하이브리드 자동차나 초전도체, 초강력 자석에 들어가요.

악티늄족 원소

15개의 악티늄족 원소는 커다란 원자로 이루어져 있어요. 모두 방사성이 아주 높고, 분해될 때 방사선을 뿜어내서 엄청나게 위험해요. 우라늄과 토륨을 제외하고 대부분의 악티늄족 원소는 자연에서 분해되어 사라지기 때문에 인공적으로 만들어야 해요. 우라늄과 플루토늄은 방사성이 강해서 핵 발전소와 위험한 핵무기에 사용되고 있어요.

란타넘족과 악티늄족 원소는 주기율표의 불청객이에요! 대부분 원소들은 원자 바깥쪽에 여분의 전자를 더하며 차례대로 새로운 원소를 만들어요. 하지만 이들 원소들은 전자가 안쪽에서 증가해요. 주기율표에 있는 이 원소들은 모두 가장 바깥 껍질에 같은 수의 전자를 가지고 있어요. 그래서 화학자들은 이 원소들을 위해 따로 표를 만들어 주었어요!

57 La 란타넘 LANTHANUM
138.90547

란타넘은 칼에 잘릴 정도로 부드러운 금속이에요. 이 원소가 유명해진 이유는 최초의 란타넘족이기 때문이에요. 얼마 전까지도 사람들은 이 원소가 희귀하다고 오해해서 '희토류 금속'이라 불렀어요. 란타넘은 홀로 존재하지 않는 데다 모나자이트와 바스트네스석, 2가지 광물에만 존재해요. 주로 하이브리드 자동차 전지에 쓰여요. 게다가 연못을 정화하는 능력도 지녔답니다.

란타넘: 20℃에서 고체 상태
녹는점: 920℃
끓는점: 3464℃
색깔: 은백색

58 Ce 세륨 CERIUM
140.116

탁한 회색의 세륨은 철을 닮았어요. 하지만 칼로 긁으면 불꽃이 튀어 올라요! 세륨 파편이 공기에 노출되면 화염이 폭발해서 영화의 특수 효과를 내는 데 유용해요. 세륨은 또 캠핑에서 불 붙일 때 쓰는 고체 연료에도 들어가요. 자동 세척식 오븐에 기름때가 쉽게 닦이도록 세륨 막을 입히기도 하고요. 배기가스나 오염 물질을 분해하는 데도 탁월해서 자동차 배기구나 디젤 엔진, 무독성 물감에도 들어가요.

세륨: 20℃에서 고체 상태
녹는점: 795℃
끓는점: 3443℃
색깔: 어두운 회색

| 59
| **Pr**
| 140.90765

프라세오디뮴 PRASEODYMIUM

프라세오디뮴은 '녹색 쌍둥이'라는 뜻을 가지고 있어요. 공기 중에서 산소와 닿으면 녹색으로 변해요. 프라세오디뮴을 이용하면 실험에서 빛의 속도를 거의 정지 상태에 가깝도록 늦출 수 있어요. 과학자가 아주 사랑하는 원소랍니다. 또한 이 원소는 자기장에 닿았을 때 온도를 떨어뜨리는 효과를 주어서, 과학자가 실험에서 영하 273.144℃의 아주 차가운 온도가 필요할 때 사용해요. 덜덜덜!

프라세오디뮴 : 20℃에서 고체 상태
녹는점 : 935℃
끓는점 : 3520℃
색깔 : 은회색

| 60
| **Nd**
| 144.242

네오디뮴 NEODYMIUM

은백색의 부드러운 네오디뮴은 자석의 왕이에요! 철, 붕소와 결합하면 자신보다 1000배 무거운 물체를 들 수 있는 영구 자석을 만들 수 있어요. 이 작은 자석은 고성능 이어폰과 컴퓨터 하드 드라이브가 작동할 수 있게 해요. 또 가벼워서 소형 비행기나 전기차의 모터에도 사용돼요. 네오디뮴과 야그(이트륨, 알루미늄, 석류석)로 작동되는 강력한 레이저 광선인 '네오디뮴 야그 레이저'는 정밀함이 필요한 레이저 수술 및 용접 등에 이용해요.

네오디뮴 : 20℃에서 고체 상태
녹는점 : 1021℃
끓는점 : 3074℃
색깔 : 은백색

프로메튬은 굉장히 희귀해요! 방사성이기 때문에 놀라운 정도로 빨리 붕괴해요. 작은 원소치고는 이례적인 일이에요. 그래서 1945년까지 발견되지 않다가 1963년에 이르러서야 과학자들이 10그램 이상을 분리해 낼 수 있었어요. 프로메튬은 파란색 물감과 초소형 '원자 전지'에 콩만큼 들어가도 수명이 5년 정도 이어져요. 프로메튬은 심박 박동 조율기와 유도탄, 소형 라디오에 사용하기에 완벽한 재료예요.

프로메튬 : 20℃에서 고체 상태
녹는점 : 1042℃
끓는점 : 3000℃
색깔 : 은색

초창기 개인용 헤드폰에는 작지만 강력한 사마륨-코발트 자석이 들어갔어요. 지금은 대부분 성능이 훨씬 좋은 네오디뮴 자석을 사용하지만, 높은 온도에서도 자력을 유지하는 성질 때문에 전자레인지에는 아직도 사마륨 자석을 쓰고 있어요. 사마륨 화합물의 하나인 황화 사마륨은 검은 결정을 이루어 전자 제품에 적합한 반도체로 사용할 수 있어요. 하지만 뭔가로 긁으면 금색으로 변하면서 완전한 전도성을 띠어요!

사마륨 : 20℃에서 고체 상태
녹는점 : 1072℃
끓는점 : 1794℃
색깔 : 은백색

63 Eu 151.964 유로퓸 EUROPIUM

유로퓸은 위조지폐를 잡아내는 원소예요! 진짜 유로화 지폐의 금속 띠에는 소량의 유로퓸이 들어 있어서, 자외선에 비추면 붉은색으로 빛을 내요. 가짜 지폐는 빛이 나지 않아요. 저에너지 전구가 강렬한 백색 전구와는 다르게 따뜻한 빛을 내는 이유도 이 유로퓸 덕분이랍니다. 유로퓸은 중성자를 흡수하는 능력이 뛰어나 원자로에서 제어봉으로 사용하기도 좋아요.

유로퓸 : 20℃에서 고체 상태
녹는점 : 826℃
끓는점 : 1529℃
색깔 : 은백색

64 Gd 157.25 가돌리늄 GADOLINIUM

유로퓸도 원자로에서 중성자를 흡수하는 능력이 있지만, 가돌리늄만큼은 아니에요. 가돌리늄은 성능이 훨씬 뛰어나요. 가돌리늄은 차가울 때만 아주 강한 자기성을 띠어요. 섭씨 19℃ 이상의 따뜻한 온도에서는 자기성을 잃지만요. 병원에서 자기 공명 영상(MRI)을 찍을 때 소량의 가돌리늄을 주입하기도 해요. 몸속으로 퍼진 가돌리늄이 몸에서 문제가 있는 위치를 밝게 보여 주거든요.

가돌리늄 : 20℃에서 고체 상태
녹는점 : 1312℃
끓는점 : 3273℃
색깔 : 은색

65 Tb 158.92535 터븀 TERBIUM

터븀은 기괴하게도 녹색으로 빛나요. 책상이나 유리창이 소리를 내게 만들기도 해요! 이는 자기장에 따라 모양을 바꾸는 터븀 합금의 특성 때문이에요. '터페놀-D'라는 터븀 합금 막대는 오디오 신호에 반응해 늘어나거나 줄어들어요. 만약 책상이나 유리의 표면에 닿으면, 막대는 마치 확성기처럼 진동을 만들어 소리를 내요. 터븀 합금은 음파를 튕겨 내기 때문에 물속에서 물체를 감지하는 수중 음파 탐지기에도 들어간답니다.

터븀 : 20℃에서 고체 상태
녹는점 : 1356℃
끓는점 : 3230℃
색깔 : 은백색

66 Dy 162.5 디스프로슘 DYSPROSIUM

디스프로슘은 '얻기 힘든'이란 뜻의 그리스어에서 유래했어요. 1886년 프랑스의 과학자가 이 원소를 얻기 위해 엄청나게 고생했거든요. 디스프로슘은 반응성이 좋아서 자연에서는 홀로 존재하지 않아요. 칼로 자를 수 있을 정도로 부드럽고, 공기에 닿으면 부식되고 산성에 녹는답니다. 그리고 물과 가까이 두면 수소를 만들며 폭발해요! 디스프로슘은 아주 작지만, 네오디뮴 자석과 전기 자동차에 사용되는 주요 성분이에요. 하지만 얻기 너무 힘들어요.

디스프로슘 : 20℃에서 고체 상태
녹는점 : 1407℃
끓는점 : 2562℃
색깔 : 은백색

67 Ho 164.93032 홀뮴 HOLMIUM

홀뮴은 의사의 친구예요. 자체로는 자기성이 없지만, 자석의 힘을 어마어마하게 집중시킬 수 있거든요. 병원의 자기 공명 영상(MRI) 같은 의료 장치에 꼭 필요한 초강력 자석에 홀뮴이 들어 있어요. 초정밀 레이저 광선인 야그 레이저에도 소량 들어가서 눈을 수술하는 데 도움을 주지요. 하지만 안타깝게도 홀뮴은 희귀한 편에 속해요.

홀뮴 : 20℃에서 고체 상태
녹는점 : 1461℃
끓는점 : 2720℃
색깔 : 은백색

68 Er 167.259 어븀 ERBIUM

어븀은 유리를 분홍색으로 물들여요. 장미 색깔 안경을 만들고 싶다면 어븀이 필요해요. 어븀은 유로퓸과 같이 저에너지 전구에 들어가는 따뜻한 빛을 만들기도 해요. 만약 치과에서 레이저 수술을 받는다면, 여러분은 어븀이 뿜어낸 광선을 만나게 될 거예요. 어븀이란 이름은 터븀, 이트륨, 이터븀과 더불어 스웨덴의 '위테르뷔 마을'에서 유래했어요.

어븀 : 20℃에서 고체 상태
녹는점 : 1529℃
끓는점 : 2868℃
색깔 : 은색

69 Tm 168.93421 툴륨 THULIUM

툴륨을 포함한 란타넘족 원소 대부분은 우리가 유용하게 쓸 만한 뭔가가 있어요. 툴륨은 주로 모나즈석 광물에서 발견되는 부드러운 금속이에요. 칼로 자를 수 있고, 종이보다 낮은 온도에서 불이 붙어서 무대 조명에 사용되곤 해요. 툴륨이란 이름은 스칸디나비아의 고대 이름인 '툴레'에서 유래했어요.

툴륨 : 20℃에서 고체 상태
녹는점 : 1545℃
끓는점 : 1950℃
색깔 : 은회색

70 Yb 173.054 이터븀 YTTERBIUM

이터븀은 중국에서 많은 양이 발견되어서 이젠 희귀한 원소로 보지 않아요. 이 원소는 약간 독특한 전도성을 가지고 있어요. 평소에는 전기를 통과시키지만, 세게 비틀면 반도체로 변해요. 쥐어짤수록 전도성이 약해진답니다. 핵폭발과 같은 극단적인 상황에서 압력계로 사용하기에 아주 좋은 특성이에요!

이터븀 : 20℃에서 고체 상태
녹는점 : 819℃
끓는점 : 1196℃
색깔 : 은색

71 Lu 174.9668 루테튬 LUTETIUM

루테튬은 한때 세계에서 가장 비싼 원소였어요. 1그램에 약 9만 원을 지불했지요! 지금은 루테튬을 추출할 좋은 방법이 생겨서 저렴해졌지만, 여전히 비싼 편이에요. 원자들이 단단하게 밀집된 란타넘족 원소 중에서도 루테튬은 아주 견고하고 밀도가 높답니다. 루테튬은 1907년 원소가 발견된 곳인 파리의 라틴어 이름에서 유래했어요.

루테튬 : 20℃에서 고체 상태
녹는점 : 1652℃
끓는점 : 3402℃
색깔 : 은색

조명 기술자들이 툴륨을 좋아해요. 전구에 툴륨을 입히면 빛을 붙잡았다가 환상적인 에메랄드 초록빛으로 재방출하기 때문이지요. 툴륨은 아주 정밀한 수술에 사용하는 레이저에 들어가기도 해요. 휴대용 방사선량 감지기를 만들 때도 툴륨이 필요하답니다.

이터븀의 가장 유용한 형태인 이터븀-169는 자연에는 전혀 존재하지 않아요. 감마선을 방출하는 이 원소는 전력원이 없는 휴대용 응급 엑스선 장치에 방사선을 공급해 줘요.

2001년 루테튬은 지각의 나이가 지질학자들이 예상했던 나이보다 2억 년이나 오래되었다는 사실을 증명했어요. 루테튬의 한 종류인 루테튬-176은 아주 정확한 속도로 천천히 하프늄으로 붕괴돼요. 그래서 과학자들은 암석에서 하프늄의 양을 측정해 지각의 나이가 43억 년으로 굉장히 오래되었다는 사실을 알아낼 수 있었지요.

힘을 모아

원소와 원자는 오랫동안 홀로 지내는 경우가 드물어요! 여러 원소와 결합하거나 서로 반응해 새로운 물질을 형성하지요. '화학식'이란 한 물질 안에 있는 모든 원자를 나타내는 화학 기호예요. 각각 얼마의 원자가 있는지를 작은 숫자로 표현해요.

같은 원소의 원자 2개가 모이면 분자를 이루어요. 자연에서 산소는 원자 2개가 결합한 분자 형태로 존재해요.

$$O_2$$

'화합물'은 2개 혹은 그 이상의 서로 다른 원소가 결합하며 만들어져요. 원자는 항상 같은 비율로 결합하지요. 예를 들어 이산화 탄소에서는 항상 탄소 원자 1개와 산소 원자 2개가 만나요.

$$CO_2$$

화합물은 이를 구성하는 원자들과는 전혀 다른 특징을 가진답니다.

각 원소의 원자들이 결합하지 않지만, 원소들이 함께 모여 있는 형태를 '혼합물'이라고 해요. 공기는 산소, 질소와 같은 원소들과 이산화 탄소와 같은 화합물이 모여 있는 혼합물이에요.

화학 물질은 불의 연소나 철의 녹과 같은 '화학 반응'을 통해 서로 반응해요. 이때 분자는 분해되거나 원자를 서로 교체하기도 한답니다. 이 과정을 통해 새로운 화합물이 탄생하거나 원소가 방출되는 것이지요.

'연소'는 화합물이 산소와 반응해 불을 일으키는 거예요. 탄화수소는 산소와 반응해 열과 빛, 물, 이산화 탄소를 만들어요. 탄화수소는 주로 나무에 들어 있어요.

베이킹파우더에는 탄산수소 소듐(탄산수소 나트륨)이 들어 있어요. 이것은 소듐과 수소, 탄소, 산소로 구성된 화합물이고, 화학식은 $NaHCO_3$이에요. 케이크를 구울 때 반죽에 베이킹파우더, 즉 탄산수소 소듐을 넣으면 산과 반응해요. 이때 생기는 이산화 탄소 거품이 케이크를 더 가볍고 폭신하게 만들어 주지요.

89 Ac 227 악티늄 ACTINIUM

악티늄은 어둠 속에서 밝은 파란색으로 빛나요. 라듐보다 방사성이 150배나 강한 원소랍니다. 원소에서 내뿜는 에너지 입자들이 서로 부딪쳐 전기를 만드는데, 이 때문에 주변 공기가 빛나지요. 악티늄을 항암 치료제 연구에 활용해요. 해양학자는 심해에 있는 악티늄 양을 추적해서 바다와 기후 변화를 연구해요.

악티늄 : 20℃에서 고체 상태
녹는점 : 1050℃
끓는점 : 3198℃
색깔 : 은색

90 Th 232.038 토륨 THORIUM

북유럽 신화에서 번개의 신으로 나오는 '토르'에서 이름을 딴 토륨은 방사성이 아주아주 강한 원소예요. 우라늄과 더불어 지구 내부를 따뜻하게 유지시켜 주지요. 우라늄을 대신해 토륨을 원자력 연료로 쓰면, 앞으로 천 년 동안 전 세계에 전력을 제공할 수 있어요. 제2차 세계 대전 때 독일이 쌓아 둔 토륨을 보고, 연합군은 독일이 핵폭탄을 만들 거라고 생각했어요. 하지만 독일군은 토륨 향 치약을 만들려고 했대요!

토륨 : 20℃에서 고체 상태
녹는점 : 1750℃
끓는점 : 4788℃
색깔 : 은색

91 Pa 231.03588 프로트악티늄 PROTACTINIUM

프로트악티늄은 방사성이 제일 강한 원소예요. 사람들은 이 원소로 원자 폭탄을 만들 수 있을 거라고 생각했어요. 하지만 녹색 광물인 토우버나이트에 미량 존재하는 프로트악티늄은 추출하기가 아주 어려워서 매우 희귀하답니다. 또 방사성 때문에 독성도 제일이지요. 만약 집에 연기 감지기가 있다면, 그 안에 있는 아메리슘이 부식되면서 소량의 프로트악티늄이 생기기도 해요. 그럴더라도 너무 걱정하지 마세요. 양이 적어서 해가 되지 않는답니다.

프로트악티늄 : 20℃에서 고체 상태
녹는점 : 1568℃
끓는점 : 4027℃
색깔 : 은색

93 Np 237 넵투늄 NEPTUNIUM

넵투늄도 초강력 방사능을 가졌고, 매우 희귀해요. 여러분 근처에도 넵투늄이 있을지도 몰라요. 프로트악티늄처럼 연기 감지기 안에 있는 아메리슘이 부식될 때 넵투늄도 생기거든요. 이 원소는 자연 상태에서 우라늄과 결합한 형태로 존재해요. 양이 너무 적어서 추출하기 어렵고, 1940년이 되어서야 비로소 정체가 밝혀졌어요. 과학자들은 천왕성(우라누스) 다음에 해왕성(넵튠)이 오듯이, 주기율표에서 우라늄 다음으로 오는 이 원소에 넵투늄이란 이름을 지어 주었어요.

넵투늄 : 20℃에서 고체 상태
녹는점 : 644℃
끓는점 : 3902℃
색깔 : 은색

우라늄 URANIUM

92 U 238.02891

크고 → 매우 위험

핵폭탄과 핵 발전소의 숨은 힘

무거워!

우라늄은 진정한 중량급 선수예요.
자연 원소 중에서 가장 크기 때문에 단연 돋보이는 원소랍니다. 우라늄은 아주 커서 쉴 새 없이 방사성을 방출해요. 원자가 분해되는 과정에 엄청나게 위험한 광선을 내보낸답니다. 우라늄은 단단한 은색 금속이지만, 대부분 비금속 원소와 반응해 화합물을 만들어요. 공기에 닿으면 얇은 이산화 우라늄 막이 생기며 검은색으로 변해요.

원자력 발전소

우라늄 원자의 거대한 핵 안에는 엄청난 힘이 갇혀 있어요. 초신성 폭발의 순간 어마어마한 에너지를 통해 생겨난 원소라서 크기도 크고, 안에 에너지가 꽉 차 있지요.

자연 상태에서 우라늄은 핵이 천천히 붕괴되면서 에너지를 약하게 방출해요. 이는 지구 내부를 뜨겁게 유지하는 데 도움을 주어요. 하지만 우라늄을 농축한 원자 폭탄은 핵이 순식간에 붕괴되면서 무지막지한 폭발을 일으켜요. 이것을 '핵분열'이라고 한답니다.

원자력 발전소는 우라늄이 핵분열을 하면서 생긴 열로 물을 끓이고, 이때 나오는 증기로 터빈을 돌려 전기를 생산해요. 손가락 크기의 우라늄 연료 펠릿은 석탄 1톤 가량의 에너지를 낼 수 있어요. 기술자들은 안전하게 다루기 위해 다양한 기술을 연구해 적용하고 있어요.

트라펠리아 인볼루타라는 이름을 가진 이끼는 우라늄을 아주 좋아해요! 1998년에 영국의 오래된 우라늄 광산에서 발견된 이 이끼는 신나게 우라늄을 먹으며 흙퇴적물 더미 위에서 자라고 있었답니다.

제2차 세계 대전 중이던 1945년에 미국 공군이 일본 히로시마에 핵폭탄을 떨어뜨린 순간, 우라늄의 소름 끼치는 힘이 세상에 드러났어요. 끔찍한 폭발은 순식간에 도시를 파괴했고 8만 명 이상의 사람들이 사망했지요.

우라늄 : 20℃에서 고체 상태 · 녹는점 : 1132℃ · 끓는점 : 4131℃ · 색깔 : 은회색

플루토늄 / 퀴륨
PLUTONIUM / CURIUM

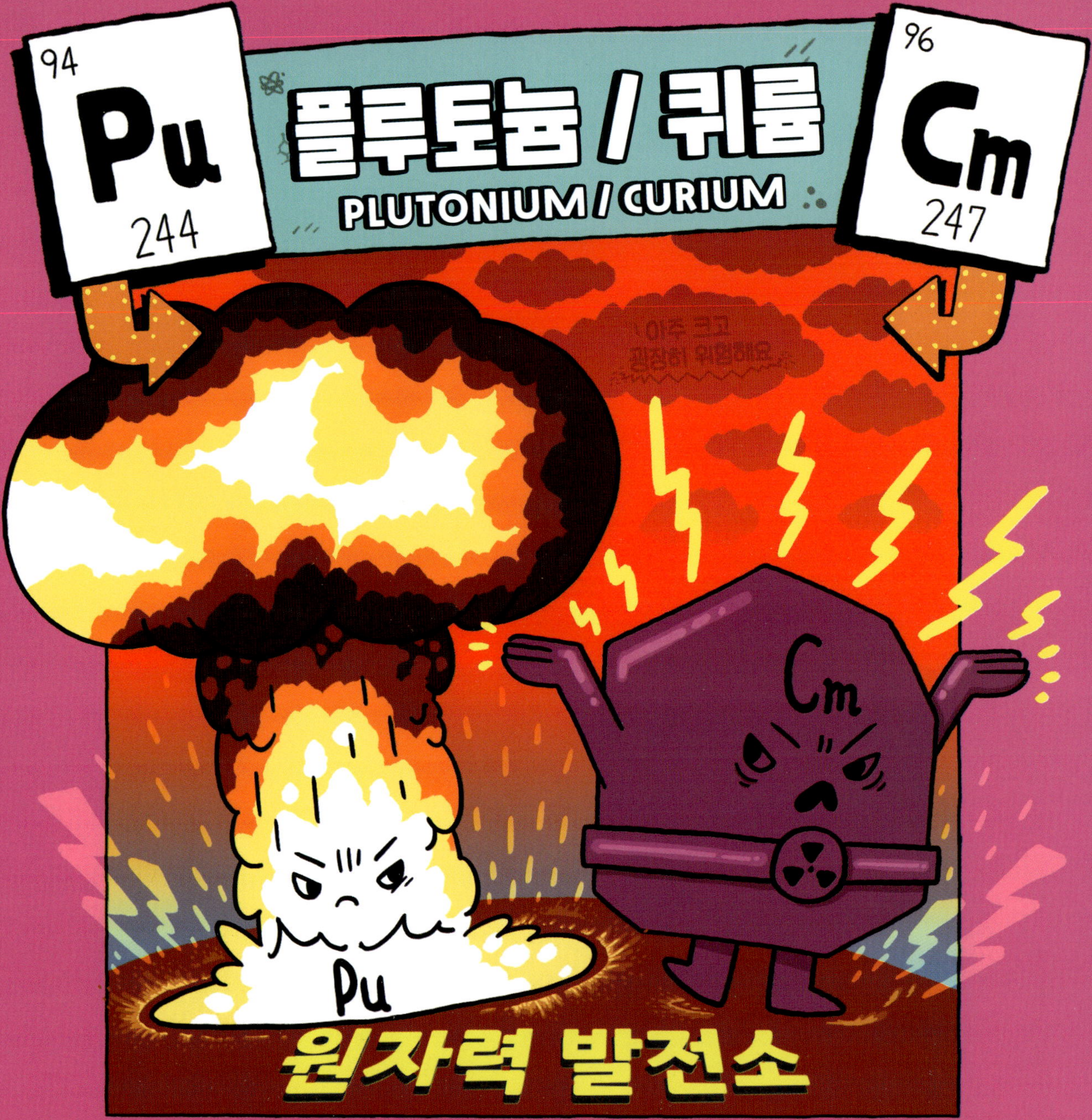
94
Pu
244
96
Cm
247
아주 크고
굉장히 위험해요
Cm
Pu
원자력 발전소

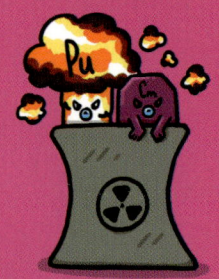

플루토늄과 퀴륨 원자는 우라늄보다 훨씬 큰 에너지를 가지고 있어요.
둘 다 위험할 정도로 방사성이 강하지요. 퀴륨은 방사성이 너무 강해서 어둠 속에서도 붉은 분홍색으로 빛난답니다! 하지만 둘 다 자연에서는 거의 발견되지 않아요. 대신에 원자로를 통해 만들 수 있어요. 플루토늄은 중성자에 우라늄을 충돌시켜 만들고 퀴륨은 중성자에 플루토늄을 충돌시켜 만들어요.

Pu
Cm

플루토늄은 핵 속에 어마어마하게 큰 에너지가 있어요. 1945년 일본 히로시마에 떨어진 핵폭탄에는 우라늄 60킬로그램이 담겨 있었어요. 불과 며칠 뒤에 나가사키에 떨어진 두 번째 폭탄에는 전체 우라늄의 10분의 1만큼의 플루토늄이 담겨 있었는데, 훨씬 강력한 폭발을 일으켰어요. 피해가 어마어마했어요. 그 뒤로 플루토늄 폭탄은 사용되지 않았어요.

최근에는 원자력 발전소의 고속 증식로에 플루토늄을 쓰고 있어요. 또 우주를 탐험하는 로봇 우주선에도 작지만 오래가는 에너지원으로 플루토늄을 사용하고 있답니다.

플루토늄 : 20℃에서 고체 상태
녹는점 : 639℃
끓는점 : 3228℃
색깔 : 은회색

1950년대에 젊은 여왕 엘리자베스 2세가 원자력 연구소에 방문했을 때 플루토늄이 한가득 담긴 비닐 봉투를 받았어요! 여왕은 플루토늄이 따뜻하다고 느꼈는데, 이는 방사능 때문이에요! 다행히도 몸에 해로운 양은 아니었대요.

퀴륨의 이름은 최초로 방사성 물질을 밝혀 유명해진 과학자 부부인 마리와 피에르 퀴리를 기리며 지어졌어요. 퀴륨은 플루토늄만큼 위험하진 않아요. 그래서 심박 조율기에 작고 맞춤 에너지원으로 사용할 수 있어요. 달과 화성의 암석을 곧바로 분석할 수 있는 우주 탐사 로봇에도 사용하지요. 일부 과학자들은 계속해서 증가하는 전 세계의 플루토늄 비축량을 퀴륨으로 변환하자고 제안하고 있어요. 퀴륨은 수명이 훨씬 짧은 데다 끔찍한 핵폭탄 제조보다는 더 유용하게 쓸 수 있거든요.

퀴륨 : 20℃에서 고체 상태
녹는점 : 1345℃
끓는점 : 3100℃
색깔 : 은회색

미국의 과학자인 글렌 시보그와 연구진은 1944년 퀴륨을 발견했지만, 당시는 전쟁 중이어서 일급 비밀로 남겨 두었어요. 1945년, 전쟁이 끝나자 시보그는 어린이 라디오 프로그램인 '퀴즈 키즈'에서 비밀을 밝히도록 허락했답니다!

잘 섞이는 원소들

17족과 14~16족 일부 원소 모임에 오신 것을 환영합니다.

누가 먼저 녹을까?

플루오린 −220°C 질소 −210°C 염소 −102°C

6대 원소

6대 원소는 5대 원소인 탄소와 질소, 산소, 인, 황에 셀레늄을 더한 거예요. 산소와 탄소, 질소는 우주에서 각각 3번째, 4번째, 7번째로 풍부한 원소예요. 공기는 대부분 질소와 산소로 구성되어 있어요. 우리 몸의 경우, 65퍼센트의 산소와 18퍼센트의 탄소, 3퍼센트의 질소로 이루어져 있어요. 그리고 6대 원소 모임의 명예 회원 격인 수소 역시 10퍼센트가 들어 있답니다.

비금속은 주기율표 중에 84개인 금속과 비교할 때 개수가 얼마 되지 않아요! 그리고 고체나 액체, 기체 형태도 있어서 명확하게 정의하기가 어려워요!

이 무리 중 다수가 수소나 약간의 산소와 결합해 산성을 얻어요. 예를 들어 순수한 황산은 고기를 분해하고 단단한 금속을 태워요. 화학자들은 플루오린(불소)을 이용해 산을 '강력한 산'으로 만들 수 있어요. 플루오린 안티몬산은 황산보다 10억 배나 부식성이 강하고 테프론을 제외하고는 어떤 용기라도 부식시켜 버려요!

할로젠 원소

할로젠은 거칠게 반응하고 엄청난 냄새를 풍겨요. 주기율표 오른쪽에서 두 번째 줄에 속한 원소 집단이에요. 순수한 형태의 할로젠 원소는 심술을 부리곤 해요. 플루오린은 모든 물체를 공격하고, 염소는 제1차 세계 대전에서 독성 기체로 사용되었어요. 하지만 화합물 형태일 때는 굉장히 유용하답니다. 염소는 소듐과 결합하면 평범한 바닷소금이 되지요!

브로민
-7.2°C

인
44°C

황
115°C

6 C 12.0107

탄소 CARBON

1000만 가지 화합물을 만들어요

모든 생명체에는 탄소가 필수

탄소는 다른 어떤 원소보다도 많은 화합물을 만들 수 있답니다!

오로지 탄소를 연구하는 '유기 화학'이라는 분야가 있을 정도지요. 탄소는 결합 구조에 따라 성질과 모양이 달라지는 여러 가지 '동소체'로 존재해요. 다이아몬드와 흑연, 그을음과 풀러렌은 탄소 동소체예요. 하지만 다이아몬드는 세상에서 제일 단단하고, 흑연은 제일 부드러운 물질이에요.

단단해

부드러워

생명의 원소

탄소가 없으면 세상에는 생명체가 아예 존재하지 못했을 거예요. 탄소는 산소, 수소와 결합해 복잡한 분자들을 만들 수 있는 놀라운 능력이 있답니다. 탄소 화합물은 식물을 구성하는 섬유소부터 동물의 단백질까지 생명에 필요한 모든 물질을 만들어요. 사실, 우리가 먹는 음식은 대부분 탄소 화합물로 이루어져 있어요.

최근 들어 환경 이야기를 할 때 '탄소 발자국'이란 표현을 쓰곤 해요. 석유와 석탄, 천연가스의 주요 구성 성분은 탄화수소예요. 우리는 땅속에서 탄화수소를 캐낸 다음, 생활에 필요한 에너지로 사용해요. 그 과정에서 나온 이산화 탄소가 공기 중에 쌓이며 태양열을 가두고 기후 변화를 일으키지요. 자동차를 타거나 연료를 태우면서 우리가 대기에 뿜어낸 이산화 탄소의 양을 측정한 값이 바로 탄소 발자국이랍니다. 이 탄소 발자국을 줄이는 일이 기후 위기 속에 살고 있는 우리가 할 일이에요.

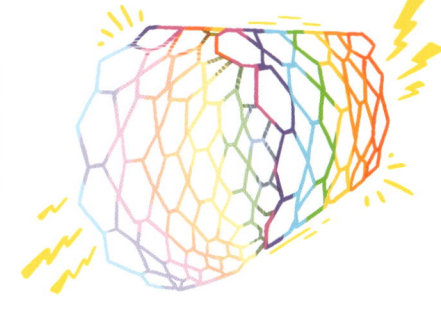

풀러렌은 탄소 분자들이 그물망처럼 연결되어 있어요. 보통 '버키볼'이라고 하는 축구공 형태나 '나노튜브'라고 하는 아주 세밀한 원통 모양으로 되어 있어요.

아름다운 다이아몬드는 세상에서 가장 단단한 자연 물질이기 때문에 무언가를 자를 때 사용하기 좋아요. 과학자들이 만든 '큐-탄소'라고 하는 합성 다이아몬드는 천연 다이아몬드보다 무려 60퍼센트만큼 더 단단하답니다!

탄소: 20℃에서 고체 상태 · 녹는점: 3550℃ · 끓는점: 3825℃ · 색깔: 은백색

질소 NITROGEN

7 N 14.00674

질소가 없으면 식물이 살 수 없어요!

터트려요 "뻥!"

여러분은 알아차리지 못하겠지만 지금도 우리는 질소 속에 잠겨 있어요! 공기의 약 78퍼센트가 질소거든요. 다행히도 질소는 색과 냄새가 없고 반응성이 없어요. 우리는 항상 질소를 들이마시고 내쉬지만, 몸에 아무런 영향을 받지 않는답니다. 하지만 질소 화합물은 전혀 달라요! 생명체 중에서도 특히 식물은 질소 화합물에 의존해요. 질소 화합물은 반응성이 매우 강해서 세상에서 가장 강력한 폭발물도 만들 수 있어요.

공기의 대부분을 차지한 원소

질소는 어디에나 있어요! 공기 중에도, 흙 속에도, 우리 발밑과 항상 마시는 물속에도 있지요. 질소는 생명에 중요한 역할을 해요. 질소가 바닷속과 땅 위, 공기를 통해 생명체와 비생명체 사이를 다양한 방식으로 순환하는 과정을 '질소 순환'이라고 부른답니다.

흙 속에 질소가 없다면 식물은 제대로 자랄 수 없어요. 하지만 균형을 잘 유지해야 해요. 너무 양이 적으면 식물이 노랗게 시들고, 지나치게 많으면 독이 돼요. 농부들은 질소가 풍부한 비료를 토양에 섞어 작물이 더 잘 자라게 해요. 질소는 생명체의 구성과 유전 정보를 담고 있는 DNA을 이루는 필수 요소이기도 해요. DNA의 사다리 모양을 이루는 가로대에 질소가 들어가요. 만약 질소가 없으면 DNA는 와르르 무너지고 말 거예요.

질소는 영하 196℃에서 액체로 변해요. 액체 질소 안에 바나나를 넣으면 아주 단단해져서 망치 대용으로 쓸 수 있을 정도예요! 액체 질소는 이식용 심장 같은 장기를 보존하는 역할도 해요.

질소는 또 폭발을 일으켜요! 포타슘과 힘을 합치면 화약에 들어가는 초석을 만들 수 있어요. 수소와 산소, 탄소와 결합하면 폭발력이 아주 강한 나이트로글리세린이 만들어져요. 하지만 또 다른 질소 화합물인 아자이드화물은 차의 에어백을 부풀리는 역할을 해서 생명을 구하지요.

질소 : 20℃에서 기체 상태 · 녹는점 : -210℃ · 끓는점 : -196℃ · 색깔 : 없음

8

O

15.999

산소 OXYGEN

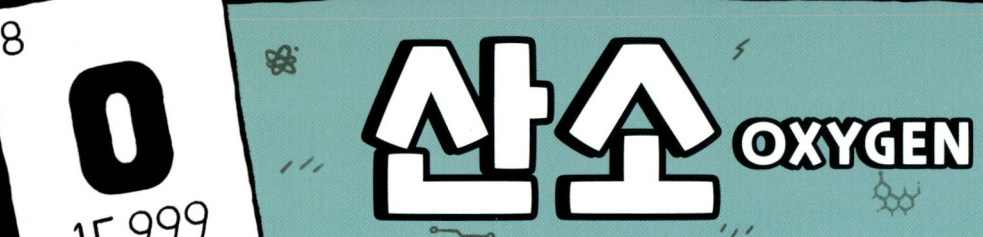

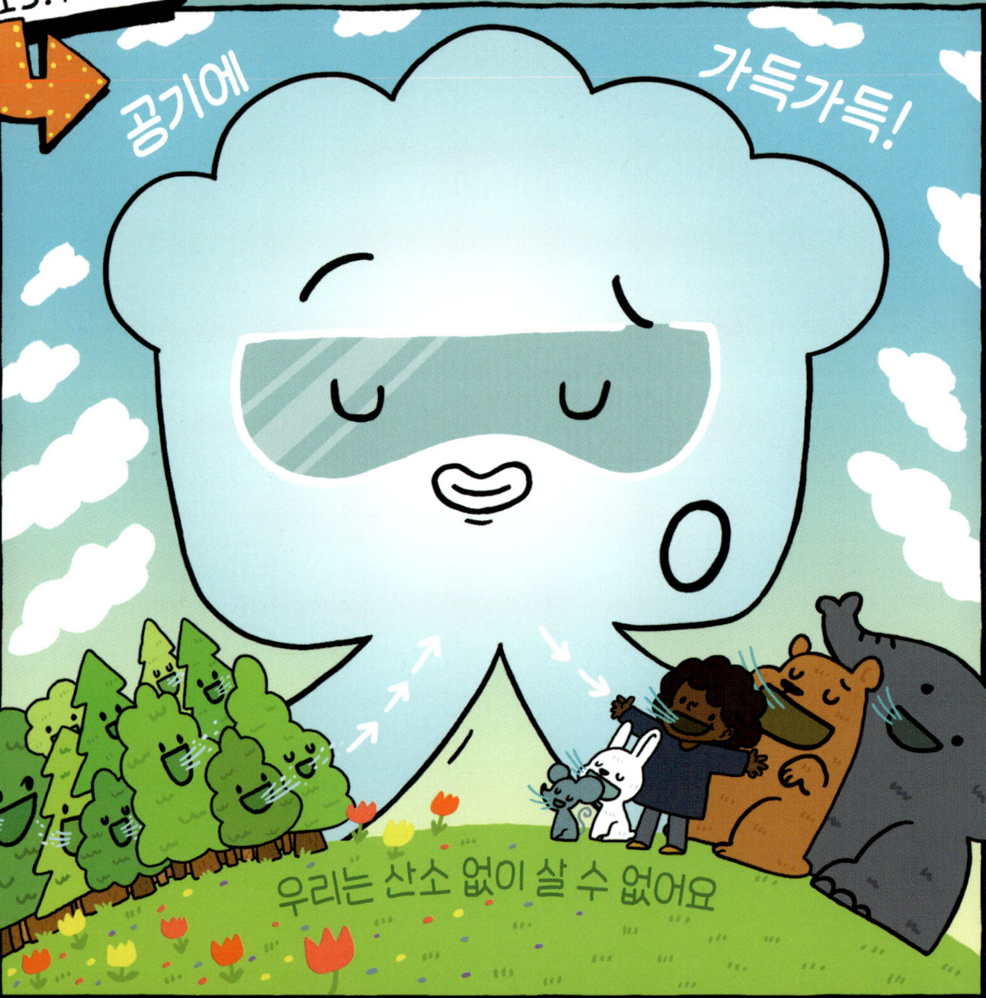

산소는 지구에 아주 풍부한 원소예요.

우리가 숨을 쉬는 공기의 약 20퍼센트를 이루는 눈에 보이지 않는 기체로, 산소가 없으면 단 몇 분도 살 수 없어요! 공기의 약 78퍼센트인 질소와 달리 산소는 반응성이 매우 높아요. 그래서 불을 계속해서 타게 만들 수 있어요. 금속을 녹슬게 하거나 금속과 반응해 '산화' 반응을 일으키기도 하지요. 산소의 화합물 중 하나인 물은 바다를 구성하고 있는 물질이랍니다.

숨 쉴 때 꼭 필요한 원소

놀랍게도 약 30억 년 전까지 공기 중에는 산소가 전혀 없었어요. 이후 바닷속 미생물이나 나뭇잎이 태양 에너지와 물로 광합성을 하며 산소를 만들어 내기 시작했어요. 점차 공기 중에 산소가 존재하게 되었지요.

인간을 포함한 동물들은 산소 없이 살아갈 수 없어요! 우리가 숨을 쉬면 일단 폐는 공기에서 핏속으로 산소를 이동시켜요. 피는 산소를 몸속 세포로 전달하면서 우리가 먹은 음식에서 얻은 에너지를 써요. 마지막으로 날숨으로 이산화 탄소를 내쉬어요. 산소 분자의 수는 지구 위로 높이 올라갈수록 줄어들고, 우주에는 산소가 거의 없어요! 그래서 높은 산을 오르는 사람들이 고산병에 걸리기도 하지요. 우주 비행사들의 경우, 물에서 산소를 추출해 호흡을 해요.

산소는 스스로 불에 타지 않지만 불이 잘 타도록 도와요! 불이 타는 것은 물질이 공기의 산소와 반응해 빛과 열을 만드는 '연소' 반응이에요.

산소 분자는 산소 원자 2개로 이루어져 있어요. 하지만 오존이라고 하는 일부 분자는 산소가 3개예요. 지구를 둘러싼 얇은 대기층은 오존이 풍부해 태양에서 온 유해한 자외선을 막아 주고 지구를 보호해 주는 역할을 해요. 지금은 오염 때문에 오존층이 파괴되긴 했지만 조금씩 회복되고 있답니다.

산소 : 20℃에서 기체 상태 · 녹는점 : -219℃ · 끓는점 : -183℃ · 색깔 : 없음

우리 몸의 구성 원소

사실 우리 몸은 걸어 다니는 주기율표나 다름없어요! 인간의 몸은 복잡한 화학 요리법으로 구성되어 있고, 몸을 만들기 위해서는 60가지가 넘는 물질을 모두 정확한 양으로 사용해야 한답니다. 세상의 모든 자연 원소의 3분의 2 이상 사용하는 셈이지요.

하지만 체중의 93퍼센트는 산소와 수소, 탄소 3가지 원소로 이루어져 있어요.

우리 몸에는 3대 원소 외에도 8가지 필수 원소가 필요해요. 바로 질소와 칼슘, 인, 포타슘(칼륨), 황, 소듐(나트륨), 염소, 마그네슘이에요.
또 몸에는 미량으로 존재하는 원소들도 많아요. 그래서 이름도 '미량 원소'랍니다. 건강을 유지하기 위해서는 철분과 아이오딘(요오드), 아연을 포함해 적어도 10여 개의 미량 원소가 극소량 필요해요.

몸무게의 반 이상을 차지하는 물에는 많은 양의 산소와 수소가 들어 있어요.

산소와 수소, 탄소는 여러 조합으로 만나 근육과 지방을 비롯한 단단한 물질을 만들어요. 사실 기본적으로 우리 몸은 소량으로 포함된 다른 원소들을 제외하면, 주로 이 3가지 원소로 되어 있다고 해도 과언이 아니에요!

우리 몸속에는 납과 카드뮴, 수은, 비소와 같은 독성 화학 물질도 있어요. 적은 양으로만 존재한다면 잘 대처할 수 있지만, 어느 하나라도 양이 늘면 몸이 아플 수 있답니다.

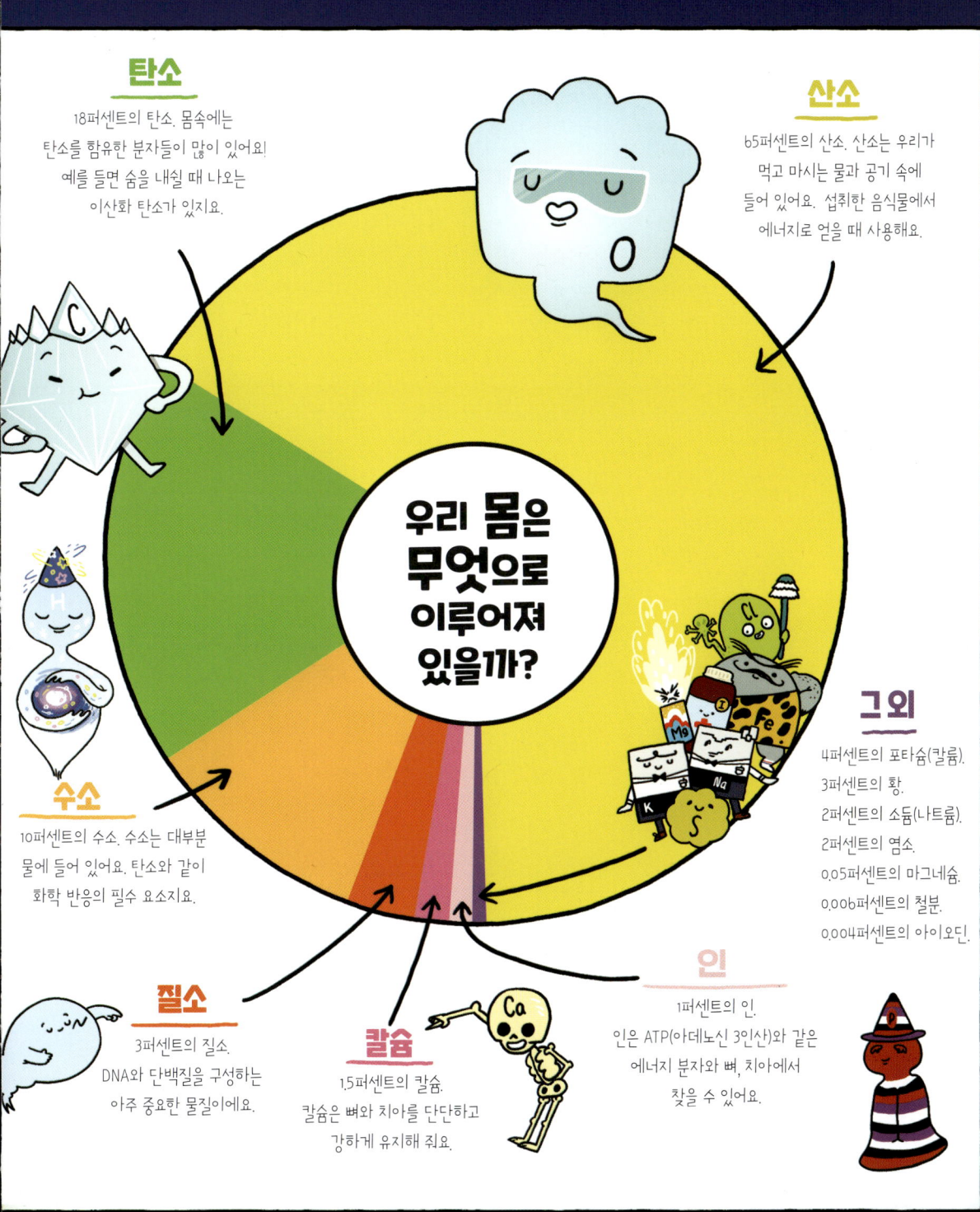

인 PHOSPHORUS

15 P 30.973762

악마처럼 사악한 원소
불타는 독성물질

인은 흰색, 빨간색, 보라색, 검은색이 있어요.

인의 모든 동소체는 독성이 있고 불이 아주 잘 붙어요. 흰색 인은 어둠 속에서 빛을 내고 공기와 만나면 불꽃을 터트린답니다! 그래도 우리 몸에는 DNA를 만들기 위해 약간의 인이 있어야 하고, 에너지 전달자인 화학 ATP(아데노신 3인산)에도 인이 들어 있어요. 뼈와 치아는 인산 칼슘이라고 하는 인 화합물로 이루어져 있지요.

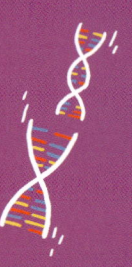

악마의 원소

인은 1669년에 오줌에서 발견되었어요. 황금색 오줌을 보고 독일의 연금술사 헤니그 브란트는 어쩌면 '현자의 돌'에 대한 비밀이 담겨 있을지도 모른다고 생각했어요. 현자의 돌이란 평범한 금속을 황금으로 바꾸는 마법 물질이에요. 브란트는 오줌을 불에 끓였고 흰색 가루를 얻었는데, 이 가루가 바로 인 화합물이에요. 반짝이는 인의 이름은 그리스어로 '빛 운반자'라는 뜻에서 유래됐어요. 해가 뜨기 전에 먼저 뜨는 금성을 부르는 옛 이름이기도 하지요.

제2차 세계 대전 때 연합군은 독일의 도시 함부르크에 인을 넣은 폭탄을 떨어뜨렸어요. 불타는 인의 성질을 이용한 거예요. 인으로 만든 화학 화합물인 인산염은 농부들이 작물이 더 잘 자라도록 흙에 뿌려 주는 영양제이기도 해요. 참, 콜라에도 인 성분이 들어간답니다!

유명한 셜록 홈즈의 탐정 소설 《바스커빌 가의 개》에서는 악당이 어둠 속에서 빛을 내는 유령을 흉내 내기 위해 흰색 인으로 멋진 개를 그렸어요!

최초의 성냥은 끝에 흰색 인을 붙여 쉽게 불이 붙도록 했어요. 하지만 흰색 인은 성냥을 만들던 여자들에게 '인산 괴사'라는 턱뼈가 기형으로 변하는 끔찍한 병을 안겨 주었어요. 지금은 성냥에 흰색 인보다 안전한 붉은색 인을 소량 사용해요.

인 : 20°C에서 고체 상태 · 녹는점(흰색) : 44°C · 끓는점(흰색) : 280°C · 색깔 : 없음

황 / 셀레늄
SULFUR / SELENIUM

16 S 32.066

34 Se 78.96

냄새나는 노란색 황

황은 그 자체로는 냄새가 나지 않지만 황 화합물은 지독한 냄새를 풍겨요!

황은 땅이나 바다 밑바닥에 있는 화산에서 얻을 수 있어요. 인처럼 쉽게
불꽃을 터트릴 수 있어서 '불타는 돌' 또는 '유황'이라 불러요.
다행히 셀레늄은 냄새가 나지 않아요. 셀레늄은 샴푸에 들어가곤 한답니다.
하지만 불에 태우면 서양 고추냉이 냄새가 나요!

스컹크와는 거리를 두는 편이 좋아요. 스컹크 방귀에 맞으면 며칠 동안 몸에서 냄새가 나거든요! 방귀에 냄새나는 황화 수소 화합물인 '티올'이 가득하기 때문이랍니다. 티올은 썩은 달걀과 지독한 마늘 냄새가 나요!

황 화합물인 황화 수소는 방귀 냄새를 만들어요! 너무 지독한 냄새는 사람을 아프게 할 수도 있어요. 그래서 폐수 처리 공장에는 기체 탐지기를 설치해요! 하지만 황은 우리 몸에 필수인 단백질과 뼈를 만들어 주기도 해요.

황은 산소와 열을 가하면 밝은 파란색 불꽃을 내며 타요. 화약의 주재료이고 폭죽에도 사용되지요. 찰스 굿이어는 우연히 인도 고무와 황을 가열하면 고무가 10배나 강해진다는 사실을 발견했어요. 신발 밑창부터 자동차 타이어까지 두루두루 쓰이고 있어요.

황 : 20℃에서 고체 상태
 녹는점 : 115℃
 끓는점 : 445℃
 색깔 : 노란색

셀레늄은 모양을 자유자재로 바꿀 수 있어요. 금속은 아니지만 가끔은 금속처럼 보이는 은회색 고체 형태를 띠기도 하고, 붉은색 가루일 때도 있어요. 유리에 밝은 붉은색을 더하고 싶을 때도 이 가루를 사용해요.

셀레늄은 사실 우리 몸의 필수 요소예요. 세포가 제대로 기능하려면 음식으로 셀레늄을 섭취해야 해요. 셀레늄 수치는 우리 몸의 간과 머리카락에서 가장 높아요. 호두나 황다랑어, 껍질을 벗기지 않은 현미, 동물의 간, 콩팥을 먹으면 셀레늄을 충분히 얻을 수 있어요.

셀레늄 : 20℃에서 고체 상태
 녹는점 : 221℃
 끓는점 : 685℃
 색깔 : 금속 광택의 회색

땅속에서 뜨거운 암석이나 마그마로 가열된 물이 온천 샘을 통해 땅 위로 솟아요. 그 과정에서 무기물을 녹이는데, 이 안에는 셀레늄과 황이 풍부해요. 그래서 온천물에 냄새가 고약해요!

플루오린 / 염소
FLUORINE / CHLORINE

9	17
F	**Cl**
18.9884032	35.4527

반응성 최고 커플

유독하지만 유용해요

플루오린과 염소는 반응성이 굉장히 강하고 매우 위험해요. 플루오린 기체는 뭐든, 심지어 유리와 부딪혀도 바로 불이 붙고, 수소를 만나면 폭발하기까지 해요. 단 0.1퍼센트라도 플루오린이 담긴 공기를 마시면 죽을 수 있어요. 염소 기체는 안타깝게도 제1차 세계 대전 중에 독일에서 끔찍한 무기로 사용되었어요. 하지만 이 원소들은 올바르게 사용하기만 하면 건강에 도움이 되지요.

플루오린은 위험한 연노란색 기체예요. 모든 플루오린 원자는 바깥 껍질에 전자 하나가 들어갈 수 있는 공간이 있어서 다른 원자와 결합해 여러 형태를 이룰 수 있답니다. 플루오린은 자연에서 '플루오라이드'라고 하는 단단한 광물질을 만드는데, 극소량의 '플루오라이드'는 튼튼한 치아를 만들어 줘요. 그래서 치약이나 음료수에 들어가지요.

플루오린은 칼슘과 결합해 '형석'이라는 광물을 만들어요. 형석은 색깔이 여러 가지이고, 어둠 속에서 빛을 내요. '형광'이라는 말이 여기에서 유래했답니다.

플루오린 : 20℃에서 기체 상태
녹는점 : -220℃
끓는점 : -188℃
색깔 : 연노란색

플루오린은 탄소와 만나 불화 탄소를 형성해요. 그중 불화 탄소 수지는 '테프론'이라는 이름으로 더 잘 알려졌어요. 프라이팬에 눌어붙지 않도록 단단한 막을 씌워 요리를 도와주지요.

염소는 녹황색의 유독성 기체예요. 하지만 세균을 없애기 위해 수영장 물에 넣거나 화장실을 청소하는 표백제에 들어가서, 누구나 냄새를 맡아 봤을 거예요. 물에 염소를 조금 넣으면 장티푸스와 콜레라와 같은 병을 예방하고 수백만 명의 목숨을 구할 수 있어요.

플루오린처럼 염소도 반응성이 아주 강해서 수천 개의 화합물을 만들 수 있어요. 바닷물에 들어 있는 소금인 염화 소듐(염화 나트륨)이 대표적인 화합물 중 하나예요. 소금은 우리 몸에 필수 요소라서 옛날 로마 군인들은 소금으로 월급을 받기도 했대요.

염소와 불화 탄소가 반응해 만들어진 염화 불화 탄소(클로로플루오로카본)는 에어로졸에 들어가거나 냉장고를 차갑게 유지하는 역할을 해요. 하지만 에어로졸은 태양으로부터 오는 자외선을 막아 주는 오존층을 파괴시켜요. 지금은 사용이 금지됐어요!

염소 : 20℃에서 기체 상태
녹는점 : -102℃
끓는점 : -34℃
색깔 : 녹황색

35 Br 79.904 브로민 BROMINE

브로민은 냄새가 아주 고약한 원소예요! 상온에서 진한 붉은색을 띤 액체이지만, 온도가 더 올라가면 냄새나는 갈색 연기를 내뿜어요. 브로민은 욕조에 염소 살균제를 대신해 사용하곤 했어요. 불을 끄는 소화기에도 사용했어요. 하지만 염화 불화 탄소(클로로플루오로카본, 프레온 가스)와 마찬가지로 오존층을 파괴하기 때문에 이제는 거의 쓰지 않아요.

브로민 : 20℃에서 액체 상태
녹는점 : -7.2℃
끓는점 : 59℃
색깔 : 짙은 붉은색

53 I 126.90447 아이오딘 IODINE

'요오드'라고도 불리는 검은색 아이오딘을 가열하면 보라색 기체로 변해요. 아이오딘은 희귀한 편이지만, 바닷속 해초에 많아요. 이 원소는 성장에 필요한 갑상선 호르몬을 만들어 내요. 그래서 소금에 섞어 섭취하기도 해요. 아이오딘은 1830년대엔 사진술에 사용되었어요. 브로민과 아이오딘의 증기가 노출된 은판을 검게 만들어서 사진 효과를 냈어요.

아이오딘 : 20℃에서 고체 상태
녹는점 : 114℃
끓는점 : 184℃
색깔 : 보라색 증기와 검은색

85 At 209.9871 아스타틴 ASTATINE

아스타틴은 너무너무 희귀해서 순수한 형태로 발견된 적이 없어요. 그래서 아무도 색깔을 모른답니다. 아스타틴은 아이오딘과 비슷하지만 더 빨리 증발해요. 방사성이 굉장히 강해서 희귀한 편이 차라리 나을 수 있어요!

아스타틴 : 20℃에서 고체 상태
녹는점 : 302℃
끓는점 : 337℃
색깔 : 알려지지 않음

먼 옛날 로마의 부자들은 '티리언 퍼플'이라는 짙은 보라색으로 염색한 옷을 입었어요. 티리언 퍼플은 소라 안에 들어 있는 브로민을 이용해 색을 얻었어요. 굉장히 귀하고 비싸답니다.

뭔가에 베이거나 찰과상을 입으면 상처에 아이오딘 (요오드 용액)을 바르곤 해요. 너무 따가워도 걱정하지 마세요. 아이오딘은 세균을 죽이는 능력이 있어서 수 세기 동안 상처 치료약에 써 왔어요. 이것을 바르지 않으면 패혈증이 생기고 상처가 덧날 수 있어요!

화학자들은 지금까지 아스타틴을 100만분의 1그램 만들었어요! 거의 대부분 분해되었지만요. 화학자들이 이 원소를 만들어 내려고 온갖 노력을 했지만, 워낙 스스로 내뿜는 방사선이 강렬해서 금세 사라진답니다. 이 때문에 가장 희귀한 원소로 알려졌지만, 사실 '버클륨'이 한 수 위예요.

4 최고의 기체들

마지막 18족 원소 모임에 오신 것을 환영합니다.

누가 먼저 녹을까?

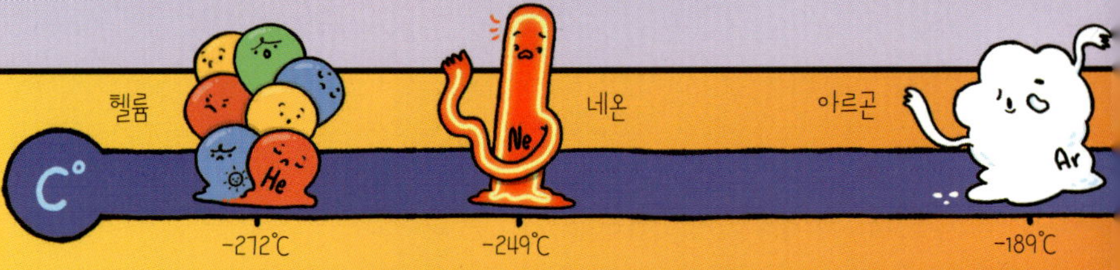

헬륨

네온
-272°C   -249°C   아르곤
-189°C

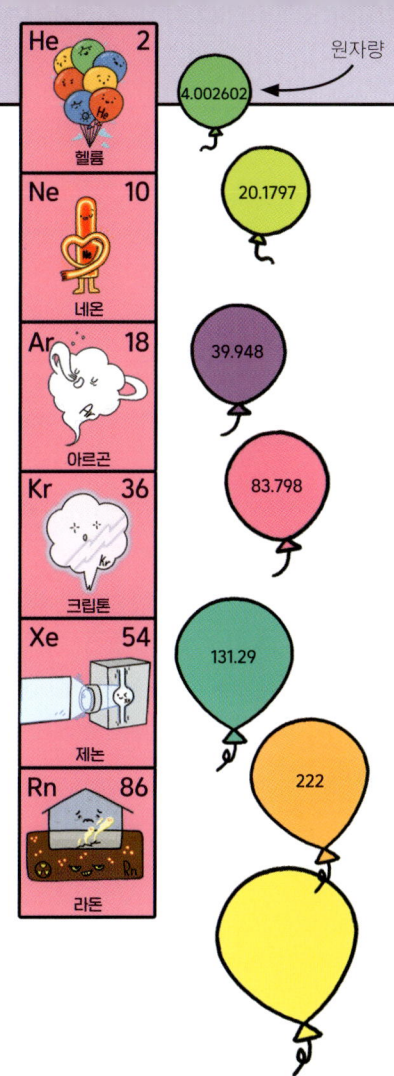

혼자 노는 기체들

주기율표의 오른쪽 끝줄에 있는 원소들은 정말 특별해요. '귀족 기체'라고도 불리는 이 원소들은 모두 색과 냄새가 없어요. 바깥쪽 전자껍질이 꽉 차 있어서 유지하려는 성질이 있기 때문이에요. 반응하지 않아서 '비활성(불활성) 기체'라고도 한답니다. 하지만 크립톤과 제논, 라돈과 같은 무거운 비활성 기체들은 더러 화합물을 만들기도 해요.

눈에 보이지 않는 원소

비활성 기체는 반응성이 없어서 사람들이 기체의 존재를 알아차리기까지 오랜 시간이 걸렸어요. 그러던 중 1890년대에 스코틀랜드의 화학자 윌리엄 램지가 실험실의 질소가 공기 중의 질소보다 약간 가볍다는 사실을 알아차렸어요. 램지는 공기 중의 질소를 무겁게 만들어 주는 눈에 보이지 않는 다른 기체가 있을 거로 추측했어요. 곧 아르곤의 정체가 밝혀졌고, 당시에는 태양에만 있다고 알려져 있던 헬륨을 비롯해 네온과 크립톤, 제논이 발견되었어요. 결국 주기율표는 18족을 추가해 완전히 새롭게 수정되었답니다.

통제할 수 있는 물질을 원한다면 반응하지 않는 비활성 기체가 적당해요. 비활성 기체가 없었다면 우리는 전기를 이용해 빛을 얻을 수 없었을 거예요. 전구와 관형 전구에는 소자가 불타지 않도록 비활성 기체를 채워 넣곤 해요. 네온사인은 눈부신 색깔을 가진 빛을 만들기 위해 네온 기체뿐만 아니라 비활성 기체 혼합물을 사용하지요.

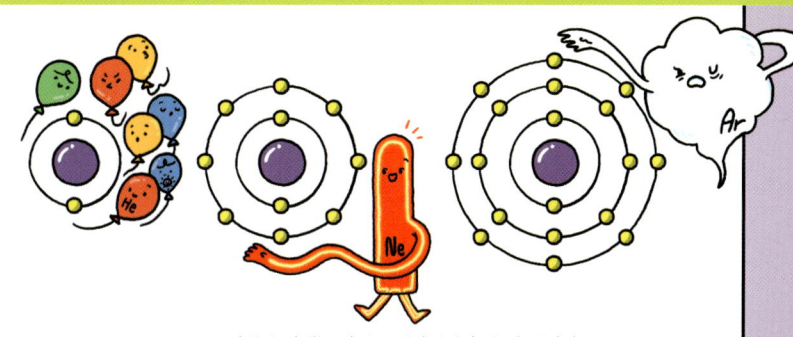

비활성 기체는 바깥쪽 전자껍질이 꽉 차 있어서 안정적이고 반응성이 없어요.

크립톤 −153℃

제논 −112℃

라돈 −71℃

헬륨 HELIUM

2 He 4.002602

아주 가벼운 풍선 충전재

두 번째로 오래된 원소

헬륨은 시시한 원소라고 생각하기 쉬워요.
색도 냄새도 없고 어느 물질과도 거의 반응하지 않으니까요. 게다가 아주 가벼워서 가만히 두면 하늘 위로 계속 올라가 우주까지 날아갈 거예요. 사실 헬륨은 수소 다음으로 가벼운 원소예요. 하지만 무시하진 마세요! 헬륨은 나이가 아주 많답니다. 우주의 시작부터 존재한 헬륨은 지금도 우주 질량의 4분의 1 이상을 차지하고 있어요.

파티에는 헬륨 풍선을!

헬륨을 채운 풍선이 있다면 어른과 함께 재미있는 헬륨 장난을 해 보세요. 풍선의 매듭을 살짝 풀고 헬륨을 마셔 보는 거예요. 그러면 목소리가 만화 주인공처럼 얇게 변할 거예요! 목소리에서 나온 소리 진동이 공기보다 헬륨에서 더 빠르게 이동하기 때문이지요.

1868년에 프랑스의 한 천문학자가 태양에서 들어온 빛에서 독특한 색이 있다는 사실을 알아내기 전까지 아무도 헬륨의 존재를 몰랐어요. 과학자들은 천문학자가 발견한 원소에 그리스어로 '태양'을 뜻하는 '헬리오스'에서 유래한 이름을 붙여 주었어요. 이윽고 헬륨이 별을 계속해서 타오르게 하는 연료 중 하나란 사실도 알게 되었지요.

이후 지구에서도 용암에서 나오는 기체와 천연가스에 헬륨이 있다는 걸 알게 됐어요. 헬륨이 가진 유용한 특성도 밝혀졌고요. 우선, 헬륨은 아주 가벼워서 파티용 풍선 충전재로 딱이에요. 또 반응성이 없어서 잠수부들이 산소통의 산소를 너무 마시지 않게끔 섞어 주었고, 용접에도 활용했어요. 마트에서 바코드를 스캔하는 기계에도 헬륨 네온 레이저를 쓰지요. 하지만 헬륨은 지금도 조금씩 우주로 사라지고 있어서, 그 양이 점점 줄어들고 있답니다.

헬륨은 영하 268℃보다 차가운 온도에서 액체로 변해요. MRI 스캔에 사용하는 초전도성 자석을 식히기에 딱 좋은 온도예요. 2℃만 더 온도를 낮추면 헬륨(II)이 용기 벽을 따라 기어 나오는 신기한 장면을 볼 수 있어요.

헬륨 : 20℃에서 기체 상태 · 녹는점 : -272℃ · 끓는점 : -269℃ · 색깔 : 없음

네온 NEON

10
Ne
20.1797

불빛을 위한 원소

네온은 거의 다른 물질에 반응하지 않아요.
플루오린은 예외지만요. 네온은 과학자들이 흔히 말하는 불활성 기체예요. 둔하다고요? 전혀요. 네온에 전기를 통하게 하면 어떤 원소보다도 화려하게 빛난답니다! 장관을 이루는 빛의 공연을 위해서는 네온이 필수예요. 미국 뉴욕의 타임스퀘어와 라스베이거스의 화려한 간판을 눈부신 주황색과 붉은색으로 빛나게 해 주는 원소예요.

화려한 불빛

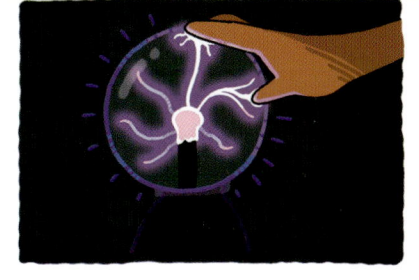

네온은 우주에서 5번째로 풍부한 원소이지만 지구에서는 꽤 희귀한 편이에요. 1898년에 두 명의 영국 화학자가 네온을 찾아서 주기율표를 채울 때까지는 누구도 이 기체의 존재를 알지 못했어요. 두 화학자는 아르곤에서 증발한 기체를 모은 다음, 분광계를 이용해 전자를 쏘았어요. 그런데 짠! 하고 진홍색 불빛이 나타났답니다. 지금까지 한 번도 본 적 없는 불빛이었지요.

네온의 불빛은 사람들을 흥분시켰어요. 얼마 지나지 않아 네온을 채운 화려한 불빛이 도시의 밤을 수놓았어요. 지금은 알록달록한 색을 가진 불빛을 모두 네온이라고 부르지만, 사실 진짜 네온은 붉은색과 주황색뿐이에요. 네온은 텔레비전부터 비행기 착륙 유도등까지 여러 용도로 쓰이고 있어요.

플라즈마 볼 중앙에서 전극이 내뿜은 고전압의 전기가 덩굴손처럼 흐르며 네온이 빛을 내는 장치예요. 유리에 손을 대면 덩굴손 모양의 빛이 모습을 바꾸며 손을 따라 움직여요. 우리 몸의 전기 저항성이 유리보다 더 낮기 때문이에요.

미국에서 최초로 사용된 네온사인은 1920년대에 로스앤젤레스에서 등장했다고 해요. 자동차 제조사인 패커드가 네온 간판을 만들었는데, 너무 많은 사람이 몰려들어서 교통 체증이 생길 정도였답니다!

네온 : 20℃에서 기체 상태 · 녹는점 : -272℃ · 끓는점 : -269℃ · 색깔 : 없음

18 Ar 39.948 아르곤 ARGON

아르곤은 반응성이 크지 않은 무거운 기체예요. 그리스어로 '게으르다'의 뜻을 가진 말에서 유래했어요. 하지만 아르곤은 헬륨 다음으로 풍부한 비활성 기체로서 여러 가지 일을 하고 있답니다. 먼저 전구에 추가하면, 반응성이 낮은 편이라서 소자가 타지 않도록 도와주어요. 이중 유리창의 사이에 넣거나 강철을 만들 때 추가하면 재료가 산화되지 않도록 막아 주기도 해요. 그리고 눈부신 파란색 불빛을 만들어 주지요!

아르곤 : 20℃에서 기체 상태
녹는점 : -189℃
끓는점 : -186℃
색깔 : 없음

36 Kr 83.798 크립톤 KRYPTON

크립톤은 슈퍼맨을 약하게 만드는 물질인 '크립토나이트'에 영감을 준 원소랍니다! 크립토나이트는 가상의 녹색 고체 물질이에요. 하지만 크립톤은 실제로 존재하는 무색의 기체이지요. 크립톤은 워낙 희귀해서 '숨겨진' 이란 뜻의 그리스어에서 이름을 따왔어요. 이 원소는 영화에서 명암의 밝기를 조절하는 보조광에 쓰여요. 쨍한 파란색이나 흰색 전등, 보랏빛 레이저 빔을 만들고요. 2007년, 러시아 과학자들은 '자다라이트' 란 광물을 발견했어요. 이는 가상의 크립토나이트가 가진 특성을 모두 지니고 있었어요!

크립톤 : 20℃에서 기체 상태
녹는점 : -153℃
끓는점 : -153℃
색깔 : 없음

제논은 정체를 알기 힘든 기체 중 하나예요. 이름 역시 그리스어로 '낯선 자'라는 뜻을 가졌어요. 다른 비활성 기체와 마찬가지로 제논도 색이 없고 반응하지 않는데, 정말 드물게 화합물을 만들어요. 제논은 초소형 이온 엔진을 동력으로 쓰는 차세대 우주 탐사기의 연료로 쓰기에 손색 없어요. 전하를 띤 제논 원자 이온이 탐사기를 빠른 속도로 나아가게 해 주지요. 제논은 또 의료용 전등과 사진, 차 헤드라이트에서 파란색 불빛을 내는 용도로도 쓰인답니다.

제논: 20℃에서 기체 상태
녹는점: -112℃
끓는점: -108℃
색깔: 없음

라돈은 다른 원소들처럼 색이 없는 비활성 기체지만 원자가 너무 커서 쉽게 분열해요. 방사성이 매우 강하지요. 사실 라돈은 세계에서 가장 위험한 기체로 손꼽혀요. 화강암 속 우라늄과 토륨의 방사성 붕괴를 통해 자연적으로 발생하거든요. 또 너무 무거워서 화강암으로 만든 건물 지하나 화강암 지대의 계곡에 쌓일 수도 있어요. 물론 이 정도로는 인체에 영향을 주지 못하지만요.

라돈: 20℃에서 기체 상태
녹는점: -71℃
끓는점: -62℃
색깔: 없음

원소 만들기

주기율표에서 94번인 플루토늄까지의 원소는 모두 별에서 자연적으로 탄생했어요. 하지만 지난 70년간 과학자들은 직접 새로운 원자를 만들어 주기율표에 추가했지요. 지금까지 20가지가 넘는 합성 원소가 탄생했어요. 또 새로운 원자가 만들어지겠죠?

새 원소는 어떻게 만드는 걸까요? 원자들이 더 무거운 원소로 새롭게 결합할 때까지 계속해서 충돌시키는 거랍니다. 과학자들은 칼슘과 퀴륨을 충돌시켜 리버모륨을 만들고, 칼슘과 캘리포늄을 합쳐서 오가네손을 만들었어요. 물론 과정이 힘들어요. 핵 원자로에서 폭발시키거나 입자 가속기를 이용해야 하지요.

합성 원소는 체력이 부족해요! 모두 만들어지자마자 분해되기 시작하지요. 과학자들은 반감기로 원소의 수명을 측정해요. 반감기는 원자가 절반으로 부서질 때까지 걸리는 시간을 뜻한답니다.

특이 물질 검출! 보통 과학자들은 신입 원소들을 단 한 번밖에 만들어 내지 못했어요. 하지만 퀴륨은 핵 원자로에서 계속 반복해서 만들 수 있고, 우라늄에서 극소량이 자연적으로 발생하기도 한답니다.

Am 95 아메리슘	Cm 96 퀴륨	Bk 97 버클륨	Cf 98 캘리포늄	Es 99 아인슈타이늄	Fm 100 페르뮴	Md 101 멘델레븀	No 102 노벨륨	Lr 103 로렌슘
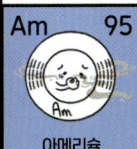								

Ds 110 다름슈타튬	Rg 111 뢴트게늄	Cn 112 코페르니슘	Nh 113 니호늄	Fl 114 플레로븀	Mc 115 모스코븀	Lv 116 리버모륨	Ts 117 테네신	Og 118 오가네손
	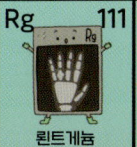							

 아인슈타이늄
129년

 캘리포늄
900년

 아메리슘
7470년

악티늄족 신입들

95 Am 243 아메리슘 AMERICIUM

미국 과학자들은 제2차 세계 대전 중에 아메리슘을 처음 만들었지만, 군대에서 사용되는 걸 우려해 기밀로 유지했어요. 지금은 연기 감지기 안에 소량으로 들어가고 있어요.

아메리슘 :
20℃에서 고체 상태
녹는점 : 1176℃
끓는점 : 2011℃
색깔 : 은색

97 Bk 247 버클륨 BERKELIUM

버클륨은 1949년에 처음 발견된 미국 캘리포니아대학교 '버클리 캠퍼스'에서 유래한 이름이에요. 지구에서 가장 희귀한 원소 중 하나로, 테네신 같은 더 무거운 원소를 만드는 데 사용돼요.

버클륨 :
20℃에서 고체 상태
녹는점 : 1050℃
끓는점 : 2627℃
색깔 : 알려지지 않음

98 Cf 251 캘리포늄 CALIFORNIUM

캘리포늄은 1950년에 미국 캘리포니아대학교에서 처음 만들어졌어요. 방사선이 강해서 수하물의 폭발물을 확인하거나 금과 유전을 찾을 때 쓰이기도 해요. 의학용 MRI를 더 선명하게 만드는 데 사용해요.

캘리포늄 :
20℃에서 고체 상태
녹는점 : 900℃
끓는점 : 알려지지 않음
색깔 : 알려지지 않음

99 Es 252 아인슈타이늄 EINSTEINIUM

아인슈타이늄은 1952년, 태평양 에니웨톡 환초에서 핵폭탄을 시험하던 중 방사능 낙진에서 발견되었어요. 천재 물리학자로 알려진 '알버트 아인슈타인'을 기리며 이름을 붙였어요. 하지만 아인슈타인은 원자 폭탄을 싫어했답니다.

아인슈타이늄 :
20℃에서 고체 상태
녹는점 : 860℃
끓는점 : 996℃
색깔 : 알려지지 않음

100 Fm 257 페르뮴 FERMIUM

페르뮴은 오래전부터 지구에 존재했어요. 하지만 아인슈타이늄과 마찬가지로 핵폭탄 실험의 낙진에서 발견됐어요. 페르뮴을 수개월 동안 잡아 두는 방법을 안다면, 암 치료에 이용할 수 있을 거예요.

페르뮴 :
20℃에서 고체 상태
녹는점 : 1527℃
끓는점 : 알려지지 않음
색깔 : 알려지지 않음

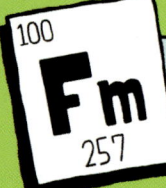

101 Md 258 멘델레븀 MENDELEVIUM

멘델레븀은 아인슈타이늄을 이용해 미국 캘리포니아대학교의 '사이클로트론'이라고 하는 입자 기계에서 처음 만들어졌어요. 원자의 양이 너무 적어 지금까지 실제로 본 사람은 없답니다.

멘델레븀:
20℃에서 고체 상태
녹는점 : 827℃
끓는점 : 알려지지 않음
색깔 : 알려지지 않음

102 No 259.1 노벨륨 NOBELIUM

1950년대부터 미국과 러시아, 스웨덴의 과학자들은 102번 원소를 만들었다고 주장했어요. 102번 원소 노벨륨은 노벨상을 만든 '알프레드 노벨'의 이름에서 따왔어요.

노벨륨:
20℃에서 고체 상태
녹는점 : 827℃
끓는점 : 알려지지 않음
색깔 : 알려지지 않음

103 Lr 262 로렌슘 LAWRENCIUM

미국과 러시아 과학자들은 103번 원소를 만들기 위해 경쟁했어요. 미국이 승리했는데, 사이클로트론을 개발해 노벨 물리학상을 받은 '어니스트 로렌스'를 기리는 이름을 원소에 붙였어요.

로렌슘:
20℃에서 고체 상태
녹는점 : 1627℃
끓는점 : 알려지지 않음
색깔 : 알려지지 않음

117 Ts 294 테네신 TENNESSINE

2번째로 무거운 원자로 알려진 테네신은 러시아와 미국 과학자들이 2010년에 함께 만든 원소예요. 이들은 미국 '테네시주'에서 따온 이름을 붙여 주었어요. 테네신은 플루오린과 염소처럼 할로젠 원소예요.

테네신:
20℃에서 고체 상태
녹는점 : 알려지지 않음
끓는점 : 알려지지 않음
색깔 : 알려지지 않음

118 Og 294 오가네손 OGANESSON

가장 무거운 원자인 오가네손은 2002년에 러시아의 과학자 '유리 오가네시안'이 이끄는 연구진들이 캘리포늄 원자에 칼슘을 충돌시켜서 만들었어요. 라돈과 같이 불활성 기체일 거예요.

오가네손:
20℃에서 기체 상태
녹는점 : 알려지지 않음
끓는점 : 알려지지 않음
색깔 : 알려지지 않음

여성 과학자가 발견했어요!

1세기가 흐르는 동안 여성 과학자들은 새로운 원소를 발견하고 원자를 연구하는 연구진의 일원으로 중요한 역할을 담당해 왔어요.

이다 노다크(1896~1978년) 레늄
마리 퀴리(1867~1934년) 폴로늄, 라듐, 방사능에 대한 모든 것
이렌 졸리오-퀴리(1897~1956년) 인공 방사능
베르타 칼리크(1904~1990년) 아스타틴
마르게리트 페레(1909~1975년) 프랑슘
리제 마이트너(1878~1968년) 핵분열(원자 분열), 프로트악티늄
클라리스 펠프스 테네신, 최근에는 산업용 동위 원소 연구

단단한 금속 신입들

러더포듐 RUTHERFORDIUM

러더포듐:
20℃에서 고체 상태
녹는점: 알려지지 않음
끓는점: 알려지지 않음
색깔: 아마도 은색

러더포듐은 아마도 공기 중에서 부식되는 은색 금속일 거예요. 하지만 누가 알겠어요? 이 원소는 누군가 진실을 확인할 만큼 오래 존재하지 않는답니다! 1960년대에 캘리포늄에 칼슘을 충돌시켜서 만들었어요.

더브늄 DUBNIUM

더브늄:
20℃에서 고체 상태
녹는점: 알려지지 않음
끓는점: 알려지지 않음
색깔: 아마도 은색

굉장히 무거운 방사성 원소 더브늄의 이름은 원소가 처음 만들어진 연구소가 있던 러시아의 '두브나' 지역에서 유래했어요. 더브늄으로 이름이 정해지기 전까지 사람들은 닐스보륨과 하늄을 포함해 여러 이름을 제안했답니다.

시보급 SEABORGIUM

시보급:
20℃에서 알려지지 않음
녹는점: 알려지지 않음
끓는점: 알려지지 않음
색깔: 아마도 은색

시보급은 아마도 방사성 금속일 거예요. 미국 캘리포니아대학교에서 아주 적은 양으로 발견되었는데, 캘리포늄 원자를 산소와 충돌시켜 만들었어요. 10번 원소의 공동 발견자인 미국의 화학자 '글렌 시보그'의 이름에서 따왔어요.

보륨 BOHRIUM

보륨:
20℃에서 고체 상태
녹는점: 알려지지 않음
끓는점: 알려지지 않음
색깔: 아마도 은색

보륨은 1975년에 러시아의 두브나에서 비스무트와 크로뮴 원자를 충돌시켜 만들었어요. 전자껍질이라는 개념을 제안한 덴마크의 과학자 '닐스 보어'의 이름에서 유래했어요.

108 Hs 269
하슘 HASSIUM

하슘 :
20℃에서 고체 상태
녹는점 : 알려지지 않음
끓는점 : 알려지지 않음
색깔 : 아마도 은색

하슘은 방사성이 매우 강하다는 점만 빼면 오스뮴과 쌍둥이처럼 닮았어요. 러시아의 두브나와 독일의 다름슈타트에서 처음으로 만들어졌어요. 다름슈타트가 '헤센주'에 있어서 하슘이라는 이름을 얻었답니다.

109 Mt 278
마이트너륨 MEITNERIUM

마이트너륨 :
20℃에서 알려지지 않음
녹는점 : 알려지지 않음
끓는점 : 알려지지 않음
색깔 : 알려지지 않음

마이트너륨은 이리듐의 쌍둥이지만 조금 더 무거워요. 핵분열 분야를 개척한 오스트리아의 물리학자 '리제 마이트너'의 이름에서 따왔어요. 핵분열은 원자핵이 분열하면서 에너지를 방출하는 거예요.

110 Ds 281
다름슈타튬 DARMSTADTIUM

다름슈타튬 :
20℃에서 고체 상태
녹는점 : 알려지지 않음
끓는점 : 알려지지 않음
색깔 : 알려지지 않음

굉장히 무겁고 강한 방사성을 띠는 이 원소는 비활성 금속일 거예요. 네온이나 아르곤과 같은 비활성 기체처럼 반응성이 없는 물질이라는 뜻이지요. 다름슈타튬은 1994년에 독일의 '다름슈타트' 지역에서 처음 만들어졌어요. 일부 사람들은 독일의 경찰서 번호가 110이니까 이 원소의 이름을 '폴리쥼'이라고 부르자고 제안했었대요.

111 Rg 280
뢴트게늄 ROENTGENIUM

뢴트게늄 :
20℃에서 고체 상태
녹는점 : 알려지지 않음
끓는점 : 알려지지 않음
색깔 : 알려지지 않음

다름슈타튬와 두브나에서 처음 만들어진 뢴트게늄은 부식과 산화에 강한 비활성 금속이에요. 굉장히 무겁고 아주 희귀해서 지금까지 겨우 몇 개밖에 만들어지지 않았답니다.

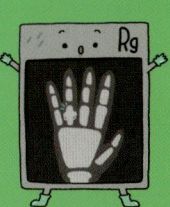

112 Cn 285
코페르니슘 COPERNICIUM

코페르니슘 :
20℃에서 고체 상태
녹는점 : 알려지지 않음
끓는점 : 알려지지 않음
색깔 : 알려지지 않음

16세기의 천문학자 '니콜라스 코페르니쿠스'의 이름에서 유래했어요. 독일 다름슈타트의 과학자들은 코페르니슘을 만들기 위해 2주간 납에 아연 이온을 시속 1.08억 킬로미터로 충돌시켰어요.

113 Nh 286 니호늄 NIHONIUM

지금까지 만들어진 아주 적은 수의 니호늄 원자는 모두 수 초 내로 붕괴했어요. 공식적으로 원소의 첫 발견자로 인정받은 일본의 연구진들은 '일본'을 뜻하는 '니혼'에서 이름을 따와 붙여 주었답니다.

니호늄 :
20℃에서 고체 상태
녹는점 : 알려지지 않음
끓는점 : 알려지지 않음
색깔 : 알려지지 않음

114 Fl 289 플레로븀 FLEROVIUM

플레로븀 원자 하나를 만들기 위해서 러시아의 연구진은 50억 개의 칼슘 원자를 플루토늄에 충돌시켰어요. 특성을 정의하긴 어렵지만 플레로븀은 금속과 불활성 기체 특성을 다 갖고 있어요. 그래서 코페르니슘과 같이 '휘발성 금속'이라고 부른답니다.

플레로븀 :
20℃에서 고체 상태
녹는점 : 알려지지 않음
끓는점 : 알려지지 않음
색깔 : 알려지지 않음

115 Mc 288 모스코븀 MOSCOVIUM

과학자들은 러시아의 두브나에서 만든 아주 적은 양의 원자에 러시아의 수도인 '모스크바'에서 유래한 이름을 붙여 주었어요. 니호늄과 같이 빠르게 다른 원소로 붕괴되는, 단단한 금속으로 추정하고 있어요.

모스코븀 :
20℃에서 고체 상태
녹는점 : 알려지지 않음
끓는점 : 알려지지 않음
색깔 : 알려지지 않음

116 Lv 293 리버모륨 LIVERMORIUM

러시아에서 처음 발견한 리버모륨은 퀴륨과 칼슘을 충돌시켜 만들어졌어요. 하지만 러시아의 과학자들은 퀴륨을 제공해 준 미국의 '로렌스 리버모어 국립 연구소'를 기리며, 여기에서 따온 이름을 원소에 붙여 주었어요. 만들기가 아주 어려워서 알려진 특성이 거의 없답니다.

리버모륨 :
20℃에서 고체 상태
녹는점 : 알려지지 않음
끓는점 : 알려지지 않음
색깔 : 알려지지 않음

용어 해설

결정: 금속 안에서 원자나 이온, 분자가 규칙적으로 배열되어 미세한 뼈대를 이룬 고체. 혹은 기하학적인 모양을 가진 광물.

고체: 입자들이 빽빽하게 뭉쳐 크게 움직일 수 없는 물질의 상태.

광물: 분명한 화학 구성을 가지고 있는 천연 고체로 결정을 이루기도 해요. 거의 모든 암석은 광물로 이루어져 있어요.

광석: 채굴할 수 있는 금속을 함유한 광물, 혹은 암석.

기체: 원자가 자유롭게 돌아다니며 용기를 가득 채울 수 있는 물질의 상태.

동소체: 같은 원소의 원자로 된 결정에서 원자들의 배열이 다른 물질. 서로 다른 특성을 가지고 있지만 물질의 상태(고체나 액체, 기체)가 같아요. 다이아몬드는 탄소의 동소체예요.

동위 원소: 하나의 원소가 가지는 서로 다른 형태의 원자. 전자와 양성자의 수는 같지만 중성자의 수가 달라요.

레이저: 수술이나 측정 등에 사용하는 강렬한 빛줄기.

반감기: 방사성 원소가 붕괴되며 원자 수가 절반이 될 때까지 걸리는 시간.

반도체: 물체가 가진 전기 전도성이 특정한 조건에서만 통하는 물질. 반도체는 준금속 화합물로 이루어진 경우가 많아요.

반응성: 원소나 화합물이 다른 화학 물질과 만나 반응하거나 변화하는 성질.

방사능: 핵이 방사선을 방출하는 성질.

방사선: 공급원에서 내뿜는 모든 것. 빛이나 소리와 같은 파장일 수도 있고, 중성자처럼 눈에 보이지 않는 입자의 빛줄기일 수도 있어요.

방사성 붕괴: 방사성 원소에서 원자핵이 자연적으로 붕괴되는 현상.

부식: 금속의 표면이 화학적으로 분해되는 현상.

분열: 무거운 원자핵이 2개의 좀 더 가벼운 원자를 만들며 나뉘는 현상. 이 과정에서 에너지를 방출해요.

분자: 고유성을 유지하는 특정한 원소의 원자들. 혹은 화합물의 단위체.

불활성: 화학적으로 반응할 수 없거나 반응하지 않는 성질.

산: 보통 부식을 일으키는 화학 물질. 산은 지시약 시험지나 리트머스지를 붉은색으로 변하게 해요.

산화: 물질이 산소를 얻는 현상.

액체: 고체와 기체 사이에 있는 물질의 상태. 액체는 흐를 수 있고 항상 용기와 같은 모양을 띠어요.

양성자: 원자핵 안에 존재하는 양전하 입자.

엑스선: 체내 조직으로 흡수되는 고주파 전자기 에너지로, 몸속의 영상을 찍는 의학 분야에 사용해요.

MRI 스캐너: 몸속 각 부분에 대한 자세한 영상을 제공하여 의학 진단에 사용되는 기계. MRI는 자기 공명 영상의 약자예요.

염기: 물에 녹는 화학 물질. 산과 정반대의 성질을 가지며 리트머스지를 파란색으로 물들여요.

오존: 산소의 불안정한 독성 동소체로, 무색 기체예요.

운석: 대기에 의해 완전히 불타 사라지지 않고 지표면에 도달한 외래 우주의 암석 조각.

원소: 오직 한 가지 종류의 원자로 이루어진 물질.

원자 번호: 원자의 핵에 있는 양성자의 수.

원자 : 원소의 기본 요소. 원자는 중성자와 양성자, 전자와 같은 작은 입자로 이루어져 있어요.

원자핵 : 양전하를 띠는 원자의 중심 부위로 중성자와 양성자로 이루어져 있으며, 원자 질량의 대부분을 차지해요.

융합 : 아주 가벼운 원자핵이 더 무거운 핵을 형성하며 결합하는 현상. 이 과정에서 에너지를 방출해요.

이온 : 적어도 한 개의 전자를 얻거나 잃으며 음전하, 혹은 양전하를 띠게 된 원자.

입자 가속기 : 자석을 이용해 경로에 있는 아원자 입자를 가속하는 기계. 입자들이 충돌하며 에너지를 방출하고 새로운 입자나 원소를 만들기도 해요.

자석 : 철과 코발트, 니켈, 가돌리늄을 비롯한 금속들과 그 금속의 합금을 끌어당기는 물질, 혹은 물체.

자외선 : 가시광선보다 짧고 엑스선보다는 긴 파장을 가진 눈에 보이지 않은 전자기파.

적외선 : 눈에 보이지 않는 긴 파장의 전자기 방사선으로, 열을 방출해요.

전도성 : 열이나 전기를 통과할 수 있는 물체의 힘, 혹은 능력.

전자 : 원자의 핵 주위 궤도를 도는 음전하를 가진 입자.

전자석 : 전류가 흐르면 자기화가 되고 전류를 끊으면 원래 상태로 돌아가는 자석.

중성자 : 전하를 가지지 않으며 양성자보다 약간 큰 원자핵의 입자.

초신성 : 연료를 모두 태우며 거대한 폭발을 일으키는 거성.

촉매 : 자신은 변화하지 않으면서 화학 반응 속도를 증가시키는 물질.

촉매 변환 장치 : 차 엔진과 같은 엔진의 제어 장치. 촉매로 작용하는 원소가 오염된 배기가스와 반응해 덜 오염된 형태로 바꿔 주어요.

탄화수소 : 산소가 있을 때 빛과 이산화 탄소, 물, 열을 만들며 불타는 화합물.

합금 : 금속의 혼합물, 혹은 비금속 원소와 금속의 혼합물.

합성 원소 : 종종 핵 원자로와 입자 가속기 안에서 인공적으로 만들어진 원소.

핵 원자로 : 에너지를 방출하는 핵분열 반응을 통제하고 억제하는 장치.

핵 : 원자핵, 혹은 원자의 중심부.

형광 : 자외선에 비추었을 때 특정 물질이 내뿜는 유색의 빛.

혼합물 : 화학에서 혼합물이란 화학적으로 결합하지 않은 서로 다른 물질의 집합을 뜻해요.

화합물 : 화학적으로 연결되거나 결합한 둘 이상의 원소로 이루어진 물질.

찾아보기

ㄱ
가돌리늄 34, **77**
갈륨 **58**, 59, 65, 71
갑각류 20, 21
강철 28, 30, 32, 34, 38, 46
결정격자 27
고체 25
공기 82, 91, 94, 96, 97, 100, 104
구리 35, **36**, 37, 60
규소 55, 65, **66**, 67
규토 67
금 **50**, 51, 65, 67
기체 25, 40

ㄴ
나이오븀 39
납 58, **62**, 63, 68
네오디뮴 73, **75**
네온 65, 109, **112**, 113, 121
넵투늄 85
노벨륨 119
녹주석 17
니켈 33, **34**, 35
니호늄 122

ㄷ
다름슈타튬 121
더브늄 120
동소체 70, 92, 100
드미트리 멘델레예프 5, 30, 40, 68
디스프로슘 78

ㄹ
라돈 115, 119
라듐 **23**, 84
란타넘 74
란타넘족 3, 73, 74
러더포듐 120
레늄 46
로듐 42
로렌슘 119
뢴트게늄 121

ㄹ (cont.)
루비듐 22
루테늄 42
루테튬 **80**, 81
리버모륨 117, **122**
리튬 **12**, 16, 17, 64

ㅁ
마그네슘 **18**, 33, 98, 99
마리 퀴리 23, 69, 89
마이트너륨 121
망가니즈 **31**
멘델레븀 119
명반 57
모스코븀 122
몰리브데넘 **39**, 46
물질 11
미량 원소 98

ㅂ
바나듐 30
바륨 23
반감기 72, 117
반도체 55, 67, 68, 80
방사선 22
백금 **48**, 49
버클륨 116, **118**
베르트랑다이트 17
베릴륨 **16**, 17, 65
별 11, 17, 33, 51, 64, 65, 111, 117
보륨 120
보크사이트 57
분자 82
붕사 67
붕소 55, **66**, 75
브로민 25, 65, **106**, 107
비금속 3, 66, 91
비소 55, 59, **70**, 71
비스무트 **60**, 61, 120
비활성 기체 3, 109, 115, 121
빅뱅(대폭발) 64

ㅅ
사마륨 76
산소 37, 55, 59, 65, 66, 67, 75, 82, 91, 93, 95, **96**, 97, 98, 99, 103, 120
석회암 21
세륨 74
세슘 22
셀레늄 91, **102**, 103
소듐(나트륨) **14**, 15, 98, 99
수소 기체 9, 10
수소 6, 9, **10**, 11, 12, 17, 33, 64, 65, 78, 91, 93, 95, 98, 99, 104
수은 25, 27, **52**, 53, 58
스칸듐 **30**, 73
스트론튬 **22**, 65
시보귬 120

ㅇ
아르곤 113, **114**, 121
아메리슘 85, 116, **118**
아스타틴 **106**, 107
아연 **34**, 35, 58
아이오딘 **106**, 107
아인슈타이늄 118
악티늄 23, **84**
악티늄족 3, 73, 118
안티모니 55, **68**
알루미늄 19, 30, 55, **56**, 57, 75
알칼리 금속 3, 9
알칼리 토금속 3, 9
액체 25
양성자 5, 24, 64
어븀 79
여성 과학자 119
연소 82
염 15, 91, 105, 106
염소 15, 91, 98, 99, **104**, 105
염화 소듐(염화 나트륨) 15, 19
엽록소 19
오가네손 6, 117, **119**
오스뮴 **47**, 121
온도계 53

우라늄 65, 73, 84, 85, **86**, 87, 88, 89, 115, 117
운석 35, 47, 51
원소 3, 4, 5, 6, 9, 11, 13, 18, 20, 23, 24, 98, 110, 117, 122
원자 번호 5
원자 4, 5, 11, 24, 25, 27, 33, 40, 64, 65, 73, 76, 82, 84, 87
원자핵 5, 24
유로퓸 77, **79**
은 37, **44**, 45
이리듐 47, 121
이상한 나라의 앨리스 53
이온 32
이터븀 **80**, 81
이트륨 **38**, 73, 79
인 91, 98, 99, **100**, 101, 102
인듐 **58**, 59

ㅈ

자기장 33
저마늄 55, **68**
전기 24
전이 금속 3, 27, 55
전이 후 금속 3, 55
전자 5, 9, 24, 27, 40, 73, 105, 109
제논 109, **115**
족 6
주기율표 6, 40, 73, 98, 109, 111
주석 37, 39, 46, 58, 59, **60**, 61
준금속 3, 55, 66
중성자 5, 17, 24, 64, 77, 88
지구 32, 33
지르코늄 **38**, 43
질소 순환 95
질소 82, 91, **94**, 95, 98, 99, 109

ㅊ

청동 37, 60
초신성 17, 33, 51, 65, 87
초합금 34, 46
촉매 48

ㅋ

카드뮴 31, **43**
칼슘**20**, 21, 98, 99, 105, 120, 122
캘리포늄 116, **118**, 120
코발트 **34**, 35
코페르니슘 **121**, 122
퀴륨 **88**, 89, 117, 122
크로뮴 **31**, 120
크립톤 109, **114**

ㅌ

타이타늄 **28**, 29, 39
탄소 발자국 93
탄소 20, 63, 65, 91, **92**, 95, 98, 99
탄탈럼 **43**
탈륨 **60**, 61
태양 11, 18, 19, 59, 64, 93, 97, 105, 109, 111
터븀 **78**
텅스텐 **46**, 47
테네신 **119**
테크네튬 **42**
텔루륨 55, **69**
토륨 **84**
툴륨 **80**, 81

ㅍ

팔라듐 **42**
페르뮴 **118**
포타슘(칼륨) **14**, 15, 61, 95, 98, 99
폴로늄 55, **69**
풀러렌 93
프라세오디뮴 **75**
프랑슘 **23**
프로메튬 **76**
프로악티늄 **85**
플레로븀 **122**
플루오린 91, **104**, 105, 112
플루토늄 73, **88**, 89, 122

ㅎ

하슘 **121**
하프늄 **43**, 81
할로젠 3, 91
핵분열 87, 121
헬륨 10, 11, 17, 33, 64, 65, 109, **110**, 111, 114
혼합물 82
홀뮴 **79**
화성 33
화학 반응 82
화합물 82, 86, 91, 92, 93, 105
황 91, 98, 99, **102**, 103
황동 35
흑연 63
희토류 원소 73
히로시마 87, 89

시호 페이트의 삶에 산소가 되어 준
라이언과 올리비아에게 고마움을 전합니다.
전 세계의 과학자와 미래의 과학자, 고맙습니다.

글 존 판던
영국 케임브리지대학교에서 지구과학을 공부했다. 지질학, 지구과학, 자연과 환경에 관한 책을 쓰고,
상도 많이 받았다. 영국왕립학회 청소년도서상 후보에 여섯 차례나 이름을 올렸다. 우리나라에 소개된 책으로는
〈스틱맨이 알려 주는 모든 것의 원리〉 시리즈와 《그림지도로 펼쳐 보는 세계사》, 《이상하게 재밌는 지구과학》 등이 있다.

그림 시호 페이트
뉴욕의 게임 스튜디오에서 아티스트로 일했다. 게임 업계에서 10년 이상 일하면서도 항상 어린이 책의 그림을
그리고 싶어 했다. 그녀의 작품에서는 따뜻함과 사랑스러움을 동시에 엿볼 수 있다.

감수 홍훈기
서울대학교 화학교육과 교수이다. 서울대학교 과학영재교육원장, 한국현장과학교육학회 등을 역임했다.

옮긴이 이진선
아주대학교에서 생명과학을 전공했다. 글밥아카데미를 수료하고 바른번역 소속의 전문 번역가로 활동하고 있다.
옮긴 책으로는 《음식이지만 과학입니다》, 〈애니멀 클래식〉 시리즈의 《딱정벌레》, 《고양이》, 《원숭이》 등이 있다.

화학 영재를 위한 원소 지도 주기율표

초판 1쇄 발행 2022년 9월 30일 **초판 11쇄 발행** 2025년 9월 2일
글 존 판던 **그림** 시호 페이트 **감수** 홍훈기 **옮긴이** 이진선 **펴낸이** 최순영
교양 학습 팀장 김솔미 **편집** 손민지 **키즈 디자인 팀장** 이수현 **디자인** 박진희

펴낸곳 ㈜위즈덤하우스 **출판등록** 2000년 5월 23일 제13-1071호
주소 서울특별시 마포구 양화로 19 합정오피스빌딩 17층
전화 02) 2179-5600 **홈페이지** www.wisdomhouse.co.kr **전자우편** kids@wisdomhouse.co.kr

ANIMATED SCIENCE: PERIODIC TABLE
Copyright © 2022 by Shiho Pate All rights reserved.
This Korean edition was published by Wisdom House, Inc. in 2022
by arrangement with Scholastic Inc., 557 Broadway, New York, NY 10012, USA.
through KCC(Korea Copyright Center Inc.), Seoul.

ISBN 979-11-6812-390-8 73400

이 책은 ㈜한국저작권센터(KCC)를 통한 저작권자와의 독점계약으로 ㈜위즈덤하우스에서 출간되었습니다.
저작권법에 의해 한국 내에서 보호를 받는 저작물이므로 무단전재와 복제를 금합니다.

*이 책의 전부 또는 일부 내용을 재사용하려면 반드시 사전에 저작권자와 ㈜위즈덤하우스의 동의를 받아야 합니다.
*인쇄·제작 및 유통상의 파본 도서는 구입하신 서점에서 바꿔드립니다.
*책값은 뒤표지에 있습니다. *이 책의 사용 연령은 8-13세입니다.